»Es gibt ihn noch, diesen Raum. Einen Raum, den man nicht in den passenden Farben gestrichen hat.« Kurz gesagt, den Raum, in dem der Mann der weiblichen Ästhetik der Wohnräume entkommt, den Raum, in dem er (fast) alles selbst bestimmen kann. Es ist der Keller. Das letzte Refugium des Mannes. »Keller« kann vieles sein: eine Hütte, ein Verschlag, ein Bootshaus, ein Gartenhäuschen, ein Schuppen, ein Trockenboden, eine Garage, eine im Flur stehende Kommode. Raum ist in der kleinsten Hütte – und wie Männer diesen Raum bewohnen und bespielen, davon erzählt Bjørn Gabrielsens intelligentes und kurzweiliges Buch vom Basteln, Horten und von anderen Glücksmomenten.

Bjørn Gabrielsen, geboren 1967, ist ein norwegischer Autor, Wirtschaftsjournalist und Literaturkritiker. Seit 2001 hat er acht Bücher publiziert, in denen er sich u.a. mit dem Kampf der Norweger gegen die kalte Jahreszeit beschäftigt, über eine Wanderung durch den berühmtesten Wald Norwegens schreibt, von der Hundeerziehung, einer Schlittenfahrt durch Alaska und seiner Zeit als Einsiedler in der Nordmark berichtet.

BJØRN GABRIELSEN

ICH BIN DANN DANN

MAL IM KELLER

VOM LETZTEN REFUGIUM
DES MANNES

AUS DEM NORWEGISCHEN
VON ULRICH SONNENBERG

INSEL VERLAG

Titel der Originalausgabe:
Jeg skal bare ut i boden en tur
First published by Kagge Forlag AS, Oslo, 2013

2. Auflage 2016

Erste Auflage 2016
Druck: Kösel, Krugzell
Umschlaggestaltung: hißmann, heilmann, hamburg
Umschlagfoto: Christian Lohfink, plainpicture, Hamburg
ISBN 978-3-458-17690-9

ICH BIN DANN MAL IM KELLER

Als er eine Weile gegangen war, fand er am Weg ein Wei-
denreis, das nahm er mit. Dann fand er eine Scherbe von
einer alten Schüssel, die nahm er auch mit. Dann fand
er einen toten Star und kurz darauf ein krummes Bocks-
horn; und noch eines, und als er über das Feld mit dem
ausgestreuten Dünger zum Königshof gehen wollte, lag
da eine alte Schuhsohle.

*Aus dem Märchen »Die wortschlaue Prinzessin« von
Asbjørnsen & Moe, einer in Norwegen mündlich über-
lieferten Erzählung, die jedem klarmacht, wozu man
einen Keller braucht.*

INHALTSVERZEICHNIS

DER
LETZTE
RAUM

Es gibt ihn noch, diesen einen Raum. Einen Raum, dessen Oberflächen nicht aus Glas und gebürstetem Stahl bestehen, einen Raum, den man nicht in den passenden Farben gestrichen hat. Es gibt diesen Freiraum, diesen Raum, der auf Zweckmäßigkeit und nicht aufs Repräsentieren ausgelegt ist, diesen Raum, in dem noch die Späne fliegen.

Auch wenn alles andere der Hölle der Modernität und irgendwelchen modischen Strömungen unterworfen ist und ständig etwas kaputtgeht, Dinge verschleißen oder ausgetauscht werden müssen, bleibt uns zumindest noch der Keller. Im Keller sind wir sicher, im Keller ist es schön. Da ist der Ruf der Möglichkeiten zu hören; vielleicht riecht es nicht besonders gut da unten, aber über diesen Ort haben wir die Kontrolle.

Von welchem Ort können wir das sonst noch sagen?

Bei manchen Leuten besteht der Keller nur aus der Schublade einer im Flur stehenden Kommode oder aus ein paar Quadratmetern im Untergeschoss. Bei anderen dient eine baufällige Hütte, ein Bootshaus, ein Schuppen, ein Trockenboden oder eine Garage als Keller. Einige heldenhafte Menschen wohnen praktisch im Keller, einem Ort, wo an sämtlichen Wänden Werkzeug hängt und in dem Neuanschaffungen bereits in einem ziemlich abgenutzten und gebrauchten Zustand ankommen.

Es soll Menschen geben, die keinen Zugang zu einem wie auch immer gearteten Keller haben. Sie können nichts reparieren und müssen jedes Mal irgendjemanden um Hilfe bitten, wenn es unverhofft etwas zu tun gibt. Sie sind nicht in der Lage, ein

Systematik Es gibt drei vorherrschende Philoso-
phien innerhalb der Kellersystematik:

1) Organisieren Sie es so, dass nur Sie finden, was
   Sie brauchen.
2) Organisieren Sie es so, dass alle finden, was sie
   brauchen.
3) Verstauen Sie die Dinge nach und nach.

Im Gegensatz zur landläufigen Meinung erfordert die
Methode 1 die größte Konzentration. Methode 2 erfordert eigentlich nur Geld für Schränke und Schubladen sowie genug Platz.

Zimmer selbstständig einzurichten, sie konsultieren Einrichtungsberater oder unterwerfen sich der herrschenden Mode. Als würden sie im Hotel leben. Das mag im Ergebnis luxuriös aussehen, doch im Grunde ist es eine Form der Selbstverleugnung.

Würde man den Mensch als einen Affen bezeichnen, der mit Werkzeug umgehen kann, dann wäre der Keller – der Schuppen, der Anbau, die Werkstatt, die Kleingartenhütte – der letzte Zufluchtsort der Menschheit. Mag sein, dass uns der Keller an die Wohnungen unserer Vorväter erinnert. Schlafzimmer, Wohnzimmer und Küche sind nicht mehr als ein Appendix. Das Werkzeug, das uns mit dem Rest der physischen Welt verbindet, wird im Keller aufbewahrt. Hier ist das Ressourcenlager, das es zu bewahren gilt. Und wie in den Wohnungen unserer Vorväter gibt es hier zu wenig Platz und kaum Licht.

Es wird in diesem Buch viel über Männer geschrieben und darüber, was es für Männer bedeutet, einen eigenen Raum zu haben, sich also zumindest an einem Ort im eigenen Heim zu Hause zu fühlen. Ziemlich viele Männer hinterlassen nämlich den Eindruck, dass sie sich an dem Ort, den sie beim Finanzamt als Wohnadresse angeben, fühlen wie die Katze vom Nachbarn, die auf Besuch kommt. Selbst in unserer Zeit ist die häusliche Arbeit noch so verteilt, dass Frauen für den internen und Männer für den externen Bereich verantwortlich sind. Ist das angeboren? Ist es gut oder schlecht? Schwierig zu sagen, aber es sieht ganz so aus, als würden viele Paare diese Aufteilung relativ gutgelaunt akzeptieren. Und so ist der Keller auch heute noch der einzige Raum, in dem der Mann nahezu alles bestimmen darf.

Dies ist ein Buch über den Keller, sowohl in buchstäblicher wie in übertragener Bedeutung. Dies ist ein Buch über den Raum, den wir uns selbst schaffen. Die Alternative zu dem

Raum, den wir uns selbst schaffen, ist ein Raum, in dem wir gar nichts zu sagen haben, und für solch einen Raum gibt es ein Wort: Gefängniszelle.

Für den Keller gibt es auch ein Wort: Freiheit.

Platzausnutzung Die wenigsten Menschen haben zu viel Platz im Keller. Dinge unters Dach zu hängen ist häufig eine gute Lösung. Hier wurde ein alter Bettrahmen verwendet, um Handschuhe, Mützen und andere Kleidungsstücke zu trocknen. Damit es funktioniert, muss der Raum beheizbar sein. Das Foto stammt aus dem Fischercamp der Doolan-Familie im Nisga'a-Tal in Kanada.

DER
ERSTE
KELLER

Wer hat den ersten Keller gebaut? Auch wenn die Frage idiotisch erscheint, der erste Keller markiert einen zentralen Dreh- und Angelpunkt in der Geschichte der Menschheit. Denn die Frage lautet eigentlich: Wann begannen unsere Vorfahren damit, Dinge einzulagern, statt sie mit sich herumzuschleppen oder sie vor Ort immer wieder neu anzufertigen?

Die Azteken und Inkas hatten einen enormen, zentralisierten Lebensmittelvorrat, gar nicht zu reden von ihren Schatzkammern mit allerlei Gegenständen aus edlen Metallen. Bei den Inkas war diese Form der Lagerung so avanciert, dass es noch nicht einmal so etwas wie einen Markt gab. Untereinander wurde nicht getauscht. Alles, was die Inkas produzierten, wurde der Obrigkeit übergeben, und diese wiederum verteilte es unter der Bevölkerung – ein System, das eine enorme Infrastruktur für die Zwischenlagerung erforderte.

Das Khoi-Volk im südlichen Afrika und die Inuit in der Arktis waren aufgrund der schwierigen Umwelt- und Lebensbedingungen zu einem Nomadenleben gezwungen. Alles musste getragen werden. Lagerhaltung gab es nicht. Deshalb hielt man diese Völker lange für primitiv. Ein Volk ohne Keller hielten sogar diejenigen für primitiv, die früher den »edlen Wilden« romantisierten oder heute versuchen, sich die Fertigkeiten dieser Völker anzueignen, und Nutzpflanzen sammeln oder sich im Speerwerfen versuchen.

In Schilderungen von Entdeckungsreisenden und Anthropologen tauchen ständig Beispiele von Nomadenvölkern auf, die Geschenke aus der Zivilisation mit großer Begeisterung annehmen, um sie kurze Zeit später wieder wegzuwerfen. Hat jemand nie mehr besessen, als er tragen konnte, wird so etwas zu einer Gewohnheit, die man nicht ablegen kann.

Es gibt eine Theorie, dass der Mensch sich als Erstes auf die Suche nach einem Ort für die toten Familien- und Stammesangehörigen machte. Der Stadthistoriker Lewis Mumford schreibt, dass »die erste Stadt eine Nekropolis gewesen sein könnte«, also eine Totenstadt. Die Grabstätten der Vorväter wurden zu Orten einer alljährlichen Wallfahrt. Doch die Lebenden blieben immer länger an diesen Orten, und die intensive Jagd führte nicht nur zu immer weniger Beutetieren, sondern auch zu immer weniger Raubtieren. So entstand die Haustierhaltung. Und langsam verwandelten sich die Jäger und Sammler in Schäfer und Bauern.

Die norwegischen Worte »bod« für Keller oder Schuppen und »hus« für Haus kommen beide aus dem Urgermanischen und wurden bereits während der Bronzezeit verwendet. Die Nutzflächen der Gebäude waren jedoch nicht immer so aufgeteilt, wie wir es heute kennen. Auf den Shetland-Inseln, auf denen bis ins 18. Jahrhundert die altnordische Sprache Norrön gesprochen wurde, war »böd« eine Gästehütte oder ein Bootsschuppen. Traditionellerweise wurde Wohlstand jedoch an der Größe und Menge der Vorräte, Lager, Werkzeuge und Stallungen gemessen, sie bestimmten den Wert der Wohnflächen.

In den meisten Häusern hat der Keller heute keine Bedeutung mehr. Wir kümmern uns weitgehend um uns selbst und sehen zu, dass der Staat das tut, was früher durch die Nebengebäude und Stallungen gewährleistet wurde: uns vor dem Unerwarteten zu schützen. Auch wenn wir in unserem Keller genug Platz haben, bringen wir dort selten Lebensmittel oder Haustiere unter, sondern nutzen ihn als einen Ort, an dem wir selbst auf die unterschiedlichste und angenehmste Weise abhängen können.

Der Wandel des Kellers vom wichtigsten zum offensichtlich

unwichtigsten Raum eines Gebäudes geht im Übrigen mit der gesellschaftlichen Entwicklung insgesamt einher. Hausgemachtes ist zum Luxus geworden, man suggeriert uns, dass das industrielle Produkt das Beste ist, was man sich vorstellen kann. Der Verkauf von Kochbüchern explodierte zu Beginn des 21. Jahrhunderts ebenso wie der Verbrauch von Tiefkühlpizza. Wir jagen und angeln in der Freizeit, sitzen während der Arbeitszeit aber im Warmen und Trockenen.

Es ist nicht moralisch, wenn man behauptet, dass die Entwicklung zu schnell voranschreite, als dass da nicht der ein oder andere unterwegs unter die Räder käme. Die Furcht vor reaktionären Konsumkritikern kann ohnehin schnell zu Übertreibungen führen. Es stimmt, dass die Christliche Volkspartei in Norwegen gegen die Einführung des Farbfernsehens war, aber kaum jemand hat das ernst genommen. Es gibt draußen im Lande nur sehr wenige, die wirklich glauben, den Zug aufhalten zu können.

Und noch weniger versuchen es.

Jetzt ist der Keller ein Freiraum, so klein und mit wie viel Schrott auch immer er gefüllt sein mag. Der Keller stellt – zumindest in der Theorie, wenngleich nicht immer in der Praxis – die Verbindung zu einer anderen Zeit her. Zu einer Zeit, in der wir gewappnet sein mussten, einer Zeit, bevor die Finanzwirtschaft eingeführt wurde, einer Zeit, als Kreativität und kundige Instandhaltung schlicht notwendig waren und nicht nur ein Hobby.

Und der Keller ist in hohem Maße die Domäne des Mannes. Es ist kein Zufall, dass der schlichteste, gleichzeitig aber auch der konservativste Raum dem Mann als Refugium dient – die Rollen und Möglichkeiten der Frauen haben sich in den letzten hundert Jahren weit mehr entwickelt als die der Männer. ❶

Aber der individuelle Mann ist in einer modernen Wohlstandsgesellschaft schlichtweg nicht in der gleichen Weise gefordert wie früher.

Und er hat jetzt viel mehr Zeit. Zeit, die er dazu nutzt, wieder Dinge zu tun, die wichtig waren, damals, als die Welt noch anders war, als man noch segeln, rudern, jagen, schreinern oder ein Feuer anzünden musste, denn anderenfalls blieb nur der Haken an der Decke und das war's.

Es ist unglaublich, was die Menschheit in einhundert Jahren vergessen hat.

Der Keller kann ein kleiner, verzweifelter Versuch sein, diese Entwicklung aufzuhalten. Hier liegen die Angelutensilien, selbst wenn wir nicht fischen müssen, um zu überleben. Hier liegen die Fotos der Jungs, mit denen wir in die Schule gegangen sind – Herrgott, wie haben wir damals bloß ausgesehen.

Denn wir können natürlich nicht alles wegwerfen.

❶ Das Herpes-simplex-Virus Typ 1, das sich bei Infizierten früher nahezu ausschließlich als Ausschlag um den Mund zeigte, tritt bei Männern immer häufiger an den Geschlechtsorganen auf. Denkt man über mögliche Zusammenhänge nach, versteht man, wie schnell bestimmte Gewohnheiten sich geändert haben und dass die Männer heutzutage – jedenfalls auf einigen Gebieten – es nachweislich besser haben als Männer in früheren Zeiten.

DIE
GARAGE

ODER WO BEWAHRT MAN SEINE SEELE AUF?

Das Wort »Garage« ist von dem älteren französischen Begriff »garer« abgeleitet, es bedeutet »Schutz geben«. Selbst, wenn man einen alten, ungeliebten KIA fährt oder gar kein Auto besitzt, die Garage ist der König unter den Lagerräumen. In der Garage gibt es viel Platz und sie eignet sich als Ort für Erfolgsgeschichten. Microsoft, Apple, Dell und Google haben alle in Garagen angefangen.

Selten hat etwas in einem Kellerraum begonnen.

Außerdem ist die Garage eindeutig die Domäne des Mannes. In allen Forschungsberichten über Rollenmuster wird auf diesen Punkt hingewiesen, hier sei nur *Den norske kvinner-revolusjonen* (›Die norwegische Frauenrevolution‹) von Kari Skrede und Kristin Tornes zitiert: »Der Arbeitsmarkt hat sich verändert, immer mehr Frauen arbeiten, dennoch hat sich die Arbeitsteilung innerhalb der Familie nicht grundsätzlich verändert: Die Frau ist für das Wäschewaschen zuständig, die Wartung von Auto und Boot bleibt die Domäne des Mannes.«

Hier wird angedeutet, dass die veränderten Arbeitsbedingungen für Männer und Frauen zu einem Interessen- und Kompetenzausgleich innerhalb der eigenen vier Wände führen müssten.

Inzwischen liegen auch Forschungen zur Arbeitsteilung in gleichgeschlechtlichen Beziehungen vor: Laut der Soziologin Pepper Schwartz von der University of Washington in Seattle funktioniert die gleichberechtigte Verteilung von Aufgaben im

Haushalt bei lesbischen Paaren am allerbesten. »Und sie tun es auf eine Weise, die mich verrückt machen würde«, räumt sie in einem Interview mit der Zeitschrift *The Atlantic* ein. Zahlen aus Norwegen und Schweden – zwanzig Jahre sind seit Einführung des Partnerschaftsgesetzes vergangen – zeigen allerdings auch, dass sich lesbische Paare häufiger trennen als andere. Gleichheit ist also nicht automatisch ein Rezept für eine lange Beziehung.

Laut Schwartz teilen unverheiratete heterosexuelle Paare und verheiratete homosexuelle Paare, die in einer Wohnung zusammenleben, die häuslichen Aufgaben gerechter auf als verheiratete heterosexuelle Paare. Männer in homosexuellen Beziehungen, die früher mit Frauen verheiratet waren, gaben an, dass sie weit häufiger als früher beim gemeinsamen Kochen dabei wären.

Alle Menschen werden indes ungeduldig, wenn der Partner auf bestimmten Gebieten weniger tüchtig ist als man selbst. Sie brauchen nur mit einer Frau zu reden, die zum dritten Mal erlebt, dass der Mann die Wollwäsche mit sechzig Grad gewaschen hat. »Aufgaben teilen« heißt für die meisten Paare, dass für längere Zeit sämtliche Aufgaben nicht ganz zur Zufriedenheit des anderen ausgeführt werden. Aber eine gerechte Aufteilung der Hausarbeit ist aller Mühe wert.

Vor der Garage aber macht die Aufteilung der Hausarbeit halt. Denn die Garage ist mehr als ein Ort, an dem man sein Auto abstellt und so vor Rost schützt.

Sie bietet die Möglichkeit, größere Projekte unter einem Dach durchzuführen.

Das Auto kann durchaus einige Nächte im Freien stehen, die meisten Autos jedenfalls. Aber die Gartenmöbel können nicht lackiert werden, wenn es regnet, es sei denn unter einem Dach.

Mit der Garage verband man lange den Lebensstil der amerikanischen Mittelklasse und dachte dabei vor allem an die

Variante, bei der man von der Garage aus direkt das Haus betritt. ❷

Die seltsamste Garagenkultur findet sich allerdings in Russland, wo die Garage oft sehr weit von der Wohnung des Autobesitzers entfernt steht. Die kleinen Blechgaragen wurden typischerweise ohne Baugenehmigung aufgestellt, meist stehen sie dichtgedrängt auf einem Haufen. Sie sehen aus wie Liliputstädtchen mit Häusern ohne Fenster, aber

> ❷ In Südnorwegen baut man gern »Carports«. Dies hängt mit der Tradition von Arbeitsaufenthalten in den USA zusammen. Ein »Carport« hat keine Wände, nur ein Dach.

mit der gleichen rostigen Patina, die sich auch sonst überall im Land findet. Es ist eine Männerwelt, dampfend vor Eingelegte-Gurken-Atem, Wodka, Tabak und – zumindest bis vor kurzem – Zweitakterbenzin, da die meisten Autos im kommunistischen Universum Zweitakter waren.

Durch siebzig Jahre Planwirtschaft haben sich die Russen daran gewöhnt, dass Nägel, Schrauben und Werkzeug ausschließlich durch Freunde beschafft werden konnten oder am Arbeitsplatz gestohlen werden mussten. Es gab ganz einfach keine Ersatzteile zu kaufen, wenn man sie benötigte. War jemand zur rechten Zeit am rechten Ort, wenn Zündkerzen im Angebot waren, musste man fünfzig Stück kaufen und sie unter dem Bett lagern – irgendwann würde es im Freundeskreis schon Leute geben, die eine Zündkerze brauchten und sie gegen irgendetwas anderes tauschen konnten. Diese Form, Freundschaften mit der Erfüllung von realen, praktischen Bedürfnissen zu verbinden, führte dazu, dass Westler Russen als Menschen sehen, »die immer etwas haben wollen«.

Es ist lange her, dass man in Norwegen einen Bekannten nach einem Scheibenwischer oder Bolzen in der richtigen Größe fragen konnte. Der allgemeine Freundschaftsdienst,

Seine eigene Welt Murmansk hat mindestens einhundert Garagenstädte mit jeweils einhundertfünfzig bis zweihundert Garagen. Die Einwohner von Murmansk haben ca. fünfundzwanzigtausend Garagen, die eng und wie ein Kollektiv zusammenstehen.

der sich hier am längsten hielt, bezog sich wahrscheinlich auf die Hilfe beim Umzug, wenn Freunde erschienen, um Pappkartons und Möbel zu transportieren, und Privatautos mit Mietanhängern zwischen der alten und der neuen Wohnung hin und her fuhren. Bei den hohen Immobilienpreisen von heute und weil die Umzugsbranche inzwischen von Einwanderern übernommen worden ist, ergeben die freiwilligen Umzugseinsätze für einen Angehörigen der Mittelschicht keinen Sinn mehr. Wenn man fünfhunderttausend Euro als Kredit aufgenommen hat, ist es schwierig, seine Freunde zu bitten, einen ganzen Abend zu schwitzen, nur weil man ein paar hundert Euro sparen will.

In einem Land, in dem die meisten Einwohner sich die notwendigen Dienstleistungen und Waren leisten können und in dem die Gesellschaft den größten Teil der Vorsorge übernimmt, basieren Freundschaften und Liebesbeziehungen ausschließlich auf gegenseitiger Sympathie. Ob dies zu reineren oder tieferen Freundschaften führt, sei dahingestellt. Auf der anderen Seite vermeiden wir dadurch die negativen Seiten der nutzenorientierten Freundschaft, schwierige Schuldenberechnungen oder die Abhängigkeit von Bekannten, die sich psychisch als nur durchschnittlich stabil erweisen. Wohlstand und Geborgenheit schützen uns vor regelwidrigem Verhalten. Aber das hat seinen Preis.

Russland ist also ein Land, in dem man möglicherweise eines Freundschaftsdienstes bedarf, um zu einem eigenen Auto zu kommen, das in der eigenen Garage steht. Aber das ist eine Garage wert.

DIESE DINGE SOLLTE MAN IN DER GARAGE HABEN

Es sprechen einige Gründe dafür, nicht an seinem Wagen herumzuschrauben. Das kann schnell sehr teuer werden. Außerdem birgt die Tatsache, dass ein Auto, das von jemandem repariert wird, der eigentlich keine Ahnung hat, was er da tut, ein größeres Konfliktpotential, als die meisten von uns zu akzeptieren bereit sind. Darüber hinaus gelten neue Autos als extrem kompliziert, und sie zu begreifen liegt jenseits der Kapazitäten eines Laien.

Diese drei Faktoren wirken zusammen und führen dazu, dass private Autoreparaturen meist als komplette Zeitverschwendung angesehen werden. In einigen gesellschaftlichen Schichten wird die Scham darüber, dass man die Technologie nicht beherrscht, von der man abhängig ist, mit einer schlecht verhohlenen Verachtung gegenüber denjenigen kaschiert, die tatsächlich von diesem Metier etwas verstehen.

Wer ein Auto reparieren kann, braucht dieses Kapitel nicht zu lesen, weil er weiß, welches Werkzeug er in der Garage haben sollte. Diese Zeilen richten sich an die Anfänger unter uns. Jeder hat einmal angefangen. Irgendwann fängt jeder damit an, der eine früher, der andere später, kein Grund, ein großes Aufheben darum zu machen.

Das bisschen Werkzeug kostet zusammen weniger als der Inhalt einer zur Hälfte gefüllten Einkaufstüte im Supermarkt. Wir benötigen diese Dinge, um die Winterreifen gegen die Sommerreifen (und umgekehrt) auszutauschen. Ein Wagenheber ist kein hochtechnologisches Wunder, dennoch darf man sich ein wenig kindliches Erstaunen darüber erlauben, dass man mit ganz geringer Muskelkraft in der Lage ist, ein Auto anzuheben.

Wir sollten uns aber um Himmels willen nicht unter das Auto legen, wenn wir niemanden haben, der es hochhalten kann, falls der Wagenheber versagen sollte. Aber wir sollten jetzt ja auch nicht unters Auto kriechen. Für den Reifenwechsel reicht der Wagenheber.

Den Kreuzschlüssel brauchen wir, um die Muttern, die das Rad halten, zu lösen und wieder anzuziehen. Wir kapieren schnell, wie er benutzt wird. Es könnte ein wenig anstrengend werden, die Muttern zu lösen, aber Autos sind nicht so konstruiert, dass ein Körpergewicht von einhundertfünfzig Kilo nötig ist, um die Radmuttern ordentlich anzuziehen. Überall auf der Welt gibt es Frauen, die fünfzig Kilo wiegen und dies zweimal im Jahr erledigen.

HAST DU EIN AUTO, BRAUCHST DU FOLGENDES

- ⊙ Wagenheber
- ⊙ Kreuzschlüssel
- ⊙ Arbeitshandschuhe und das T-Shirt vom Teambildungsseminar deiner Firma

Wenn ein neues Rad festgeschraubt wird, werden die Muttern nicht im Uhrzeigersinn angezogen. Wir müssen uns das Rad als Zifferblatt einer Uhr vorstellen, und fangen mit der Mutter an, die der Zwölf entspricht, danach folgt die Sechs. Dann ziehen wir die Zwei und die Acht an und so weiter. Wichtig ist, dass wir jede Mutter ungefähr mit der gleichen Kraft anziehen.

Noch vor einer Generation waren die norwegischen Straßen und die internationale Reifentechnologie auf einem Niveau, dass es leicht passieren konnte, dass wir auf einer Fahrt von Oslo nach Trondheim das Reserverad einsetzen mussten. Heute können wir zehn Jahre fahren, ohne je eine Reifenpanne zu erleben. Das Gesetz über das allen Dingen innewohnende Teufelswerk sagt indes, dass wir ganz bestimmt in dem Moment eine Reifenpanne haben werden, wenn wir in einem fremden Land ohne Mobilfunknetz einen Mietwagen fahren. Ein bisschen Selbstsicherheit in diesen Dingen kann daher nicht schaden.

Wohlgemerkt, man muss nicht unbedingt einen Führerschein haben, um einen Reifen zu wechseln. Es stellt sich keine Harry-Potter-Magie ein, sobald wir den Führerschein haben. Durch den Führerschein erwerben wir nicht automatisch eine Kompetenz in Hinblick auf die Dinge, die mit dem Auto zusammenhängen, und es gibt in der Fahrschule auch keinen Anfänger-Kurs für das Wechseln der Reifen.

Wenn wir einen Sechzehnjährigen im Haus haben, kann er den Job übernehmen. Noch besser, wenn es ein sechzehnjähriges Mädchen ist, denn statistisch gesehen hat eine Familie bereits gegen die Gleichstellung verstoßen, wenn sie der Mutter den größten Teil der Wäsche überlässt – hier gibt es also etwas zu kompensieren.

Wenn wir noch mehr wissen wollen, sind die »Jetzt helfe ich mir selbst«-Bücher des Motorbuch-Verlags eine gute Wahl. Diese Bücher sind geradezu Ikonen des Lehrbuchgenres. Es gibt ein »Jetzt helfe ich mir selbst«-Buch für fast jedes Automodell. Buchhandlungen und Autoersatzteilgeschäfte verfügen häufig über eine Auswahl dieser Bücher, und selbstverständlich findet man sie alle auch im Netz. In diesen Büchern wird alles genau erläutert und erklärt. Man wird wie ein Idiot behandelt, aber da man dem Autor nie begegnen wird, gibt es auch niemanden, der uns verhöhnen oder demütigen kann. Es ist das Beste aus beiden Welten.

Es gibt in der Regel ein Kapitel über die regelmäßige Pflege und ein Kapitel über Fehlersuche. Ist man von hauptsächlich autotechnisch unkundigen Menschen umgeben, wird die Lektüre dieser Kapitel dazu führen, dass man für den wahren Auto-Guru gehalten wird. Aber letztlich läuft es doch nur darauf hinaus, dass wir, frei nach dem Motto einer Sexualberatung für Jugendliche, sagen: »Sprich mit einem Fachmann.« Aber wir werden es auf überzeugende Art und Weise tun.

So. Wenn wir uns jetzt richtig gut fühlen, können wir anfangen, darüber nachzudenken, uns ein Startkabel zu besorgen.

DER
KELLER
DER
ERINNERUNGEN

Es ist nahezu unmöglich, die eigene Beziehung und das Verhältnis anderer Menschen zu Keller, Dachböden und Schuppen nicht zu psychologisieren. Es ist ein grundlegender menschlicher Zug, alles mit einem Sinn zu versehen, obwohl dieser Sinn möglicherweise gar nicht vorhanden ist. Jeder, der sieht, wie ein Hahn über seine Hennen herrscht, aber erschrocken aufflattert, wenn sich ein Mensch nähert, wird diesen Vorgang mit menschlichen Geschlechterrollenmustern zu erklären versuchen. Und niemand wird sich einen Keller ansehen, ohne sein eigenes Langzeitgedächtnis in Gang zu setzen.

Im Keller liegen alte Klassenfotos, Sport-Trophäen, und (bei denjenigen, die alt genug sind) Briefe. Und hier verhält es sich wie mit den eigenen Erinnerungen, hier will niemand allzu tief graben. Niemand von uns kommt durch seine Kindheit und Jugend, ohne sich zu kompromittieren. Die Grenze, ab der wir etwas als peinliches Benehmen ansehen, mag variieren, aber die meisten von uns haben diese Grenze so justiert, dass wir damit einigermaßen zurechtkommen, soweit man das sagen kann.

Im Keller liegen auch all die Dinge, die wir nur hin und wieder benötigen, die Kappsäge oder der Schlitten zum Beispiel. Ein bisschen ist es wie mit den Fremdsprachen, die man in der Schule gelernt hat, den Schrittkombinationen aus der Tanzstunde oder dem abgespeicherten Wissen über die Herstellung einer Hollandaise. Alles Dinge, die man nicht mehr braucht.

Wer im Keller aufräumt, räumt gleichzeitig in seinem Leben auf. Ich habe eine Weile als Hilfskraft in einer Umzugsfirma gearbeitet. Und wir hatten einen Kunden, dessen Umzugsvolumen ungewöhnlich klein war, obwohl er zwanzig Jahre in Kanada gewohnt hatte. Er war in sein Heimatland zurückgekehrt und nach der Adresse zu urteilen, war der Mann durchaus nicht mittellos. Als er in den sechziger Jahren auswanderte, sei das Schiff mit all seinen Sachen gesunken, behauptete er, und er habe sich damals so befreit und glücklich gefühlt, dass er sich geschworen habe, in Zukunft mit so wenig Dingen wie nur möglich auszukommen.

Vielleicht sollte man ergänzen, dass es nicht so aussah, als sei er verheiratet. Es geht jetzt nicht darum, dass Frauen angeblich so viele Sachen anschaffen – das ist ganz unterschiedlich –, sondern dass ein Familienleben eine Dynamik mit sich bringt, die es schwer macht, eventuell vorhandene asketische Züge auszuleben. Als wir ihm seine Kartons brachten, schien er der glücklichste Kunde zu sein, den wir je hatten.

In seiner Gobi-Trilogie stellt der norwegische Autor Tor Åge Bringsværd sich vor, wie die Mongolen die Chinesen sehen: Als ein Volk, das so viele Dinge hat, dass sie nicht wüssten, was sie mitnehmen sollten, wenn sie einmal umziehen müssten. Doch hat man sich erst einmal an die vielen Dinge gewöhnt, die man besitzt, hat man sich auch an die damit verbundenen Erinnerungen gewöhnt. Kein Wunder, dass es schwierig ist, sich von ihnen zu trennen.

Wenn Menschen Lesen und Schreiben lernen, wird häufig die Tradition des Auswendiglernens vernachlässigt. Erinnerungen werden auf Papier festgehalten, wir müssen sie nicht länger im Kopf lagern. Mit den Rechenmaschinen verschwand die Notwendigkeit, die Multiplikationstabellen zu beherrschen, seit dem Mobiltelefon brauchen wir uns keine Telefonnummern mehr zu merken. Auf Facebook wird anderen gern zum Geburtstag gratuliert, aber die Gratulanten müssen über Facebook erst an die Termine erinnert werden. Nur zu gern legen wir unser Gedächtnis irgendwo ab. Ein unaufgeräumter Keller kann darauf hindeuten, dass der Eigentümer eine unordentliche Person ist. Eine Person, die die Dinge nicht im Griff hat, eine Person mit dunklen Geheimnissen, in denen man nicht herumrühren will. Ein aufgeräumter Keller kann indes auch darauf hindeuten, dass der Eigentümer alle schlechten Erinnerungen kaltschnäuzig auf die Müllhalde wirft, sämtliche Dummheiten und alle dämlichen Frisuren, die er einmal hatte.

Die einfachste Methode, sich seiner Erinnerungen zu entledigen, ist vielleicht, alles zu verlieren. Das Gedächtnis zu verlieren und sein ganzes Hab und Gut zu verlieren. Doch dann ist man schlecht gerüstet für ein Leben als eigenständige erwachsene Person.

Der Kopf ist wie ein Keller. Es ist unglaublich, wie viel dort Platz findet.

Und unmöglich zu entscheiden, was man davon behalten soll.

EINE WELT AUS KELLERN

Manchmal kommt es mir so vor, als glichen sich die Architektur und der Wohnungsbau weltweit an. Die Welt wird sich überall ähnlicher, und man hat das Gefühl, dass die kleinen, noch immer bestehenden kulturellen Unterschiede zwischen einzelnen Ländern nur noch da sind, um uns Unannehmlichkeiten zu bereiten. Und doch können Touristen überall auf der Welt CNN empfangen und Heineken kaufen. Dass die ärmsten Menschen jetzt überall auf der Welt in identischen Klamotten herumlaufen, ist nur ein Beispiel dafür, wie gleich alles geworden ist. Die Armen in Peru, Tibet und auf den Philippinen tragen T-Shirts aus Baumwolle, Shorts und in China produzierte Sandalen.

Die Uniformierung ist weit fortgeschritten. In Europa gibt es mit dem Euro eine gemeinsame Währungseinheit. Die Lebensmittelauswahl wird von Land zu Land ähnlicher, sogar die Ausstattung der Spielplätze scheint normiert zu sein – geliefert von denselben Produzenten, die die gleichen standardisierten Anforderungen erfüllen.

Einige Dinge zeigen jedoch eine erstaunliche Widerstandsfähigkeit gegenüber globalisierten Trends. Auch nach bald einhundert Jahren präsumtiver popkultureller Dominanz aus den USA sehen die meisten Menschen im Bruchteil einer Sekunde, dass der Eurovision Song Contest nicht aus Amerika kommt. Niemand würde einen französischen Film für eine Hollywood-Produktion halten. Komiker werden so gut wie nie außerhalb ihrer eigenen Landesgrenzen berühmt – verständlicherweise, da Humor sehr abhängig ist von Sprache und lokalen Referenzen. Merkwürdiger ist schon, dass der Ruhm von Weltumseglern oder Bergsteigern meist exakt an den Grenzen des Landes endet, in denen diese Heroen geboren wurden. Welcher Norweger kennt schwedische oder finnische Weltrekordhalter?

Beim Keller hat die Globalisierung haltgemacht. Kein Keller gleicht dem anderen. Sie unterscheiden sich entsprechend lokaler Bedingungen. Es ist schwer, vorherzusagen, welche lokalen Besonderheiten überleben werden und welche nicht. Kaffeegewohnheiten waren bis vor zwanzig Jahren regional sehr unterschiedlich und so eng mit den jeweiligen sozialen Gegebenheiten verbunden, dass sie unveränderlich schienen. Dennoch hat eine spezielle amerikanische Version der italienischen Kaffeetradition sich inzwischen weltweit als enorm durchsetzungsfähig erwiesen, erst insbesondere in den Großstädten.

Kaffeebars geben ihren Kunden ein Gefühl von schneller Belohnung und Erfrischung, und die Barbesitzer machen ordentlich Umsatz. Diese kleinen Läden konnten sich deshalb durchsetzen, weil viele kleine Geschäfte leer standen, nachdem am Stadtrand die Einkaufszentren errichtet wurden.

Mit den Kellern verhält es sich weniger stromlinienförmig. Vorläufig sind Keller häufig nicht einfach nur unaufgeräumt, durcheinander und chaotisch – sondern auch noch sehr von den lokalen Bedingungen abhängig, weltweit.

KELLERUNORDNUNG ODER WIE DIE WOHNUNGEN DER JAPANER AUFGERÄUMT BLEIBEN

Das traditionelle japanische Heim entwickelte sich über Jahrhunderte in extremer Isolation und Fremdenangst, vermittelte aber dennoch ein beinahe universelles Signal. So hell und leicht! So hübsch und geschmackvoll!

Japanisches Interieur ist in dem Sinn einzigartig, dass es

sogar Männer anspricht, die sonst auf Dekor und Möblierung pfeifen. Wer will nicht so wohnen wie ein Samurai?

Die Frage ist eigentlich, wie eine derartige Ordnung bei den Japanern möglich ist. Dabei ist es ganz einfach: Wie die meisten anderen ordentlichen Menschen bewahren die Japaner ihre Unordnung im Keller auf.

Traditionelle japanische Häuser haben einen ›Keller‹ für Betten und Bettzeug – *Oshiire*. Einen Schrank mit Schiebetüren, der in dem Raum steht, in dem man nachts schläft und tagsüber wohnt. Morgens werden die Futon-Matratzen zusammengerollt und verstaut, abends werden sie wieder ausgerollt. In traditionellen japanischen Gasthäusern erlebt man, wie die Betten auf magische Weise aus dem Raum verschwinden, während man frühstückt, entfernt von unsichtbaren Angestellten oder Elfen, die noch nie jemand auf frischer Tat ertappt hat.

Auf den ersten Blick sieht es aus, als sei die Oshiire-Lösung die Antwort auf jede Krise am Wohnungsmarkt. Auf diese Weise lässt sich die Anzahl der Räume verdoppeln, und auf den Futons liegt es sich mindestens ebenso angenehm wie auf den schweren und platzfordernden Varianten. Aber auf eine Kultur, die relativ großen Wert auf Individualismus legt, und in der der Tagesrhythmus der einzelnen Familienmitglieder sehr unterschiedlich ist, ist diese Methode des Aufräumens kaum zu übertragen.

Es gab eine Zeit, in der alle Personen eines Haushalts ungefähr gleichzeitig aufstanden und zu Bett gingen und niemand daran zweifelte, wer der Herr im Haus war. Damals ließen sich Wohnraum und Schlafzimmer kombinieren. Bis in die achtziger Jahre des 20. Jahrhunderts wurden in Oslo in so mancher Wohnung am Abend im Wohnzimmer die Schlafsofas ausgezogen, weil es nicht genug Zimmer zum Schlafen gab. Heute tun das nur noch frisch angekommene Migranten und der ein oder andere Student.

Lokale Materialien Eine traditionelle japanische Hütte mit Strohdach als Außenkeller. Iya-Tal, Shikoku, Japan. Innen sieht es genauso aus wie in den Kellern der restlichen Welt, mit Benzinkanistern und Werkzeug, das an den Wänden hängt.

In dem Buch *Japanese Homes and Their Surroundings*, das 1886 in den USA erschien – wenige Jahre nachdem Japan sich dem Rest der Welt geöffnet hatte –, beschreibt der Autor, dass wohlhabendere Japaner neben dem Oshiire auf ihrem Grundstück eine Art freistehenden Keller besaßen, in dem alles Überflüssige verstaut wurde. Vermutlich orientierten sich viele Japaner an der herrschenden Ästhetik und dem internalisierten, kulturbedingten Wunsch nach leeren Flächen und Ordnung.

Regelmäßig lesen wir Reportagen über die Häuser und Wohnungen von Familien, die eine von Architekten entwor-

fene »japanische Lösung« gefunden haben – mit einer unend-
lichen Zahl von eingebauten Schränken und maßgeschnei-
derten Aufbewahrungsmöglichkeiten unter den Treppen. Allerdings ist dies – wie so häufig – gleichermaßen eine Parodie
wie eine Weiterführung des japanischen Baustils.

Vielleicht tröstet es ja, wenn wir uns sagen, es sei eine gute
japanische Tradition, geerbte alte Möbel und andere Erinne-
rungsstücke in der Garage zu lagern.

DER BOOTSSCHUPPEN ODER DER NORWEGISCHE KELLER, DER ABSOLUT KEINE HÜTTE IST. UND DARÜBER WIRD NICHT DISKUTIERT!

Sie stehen vor jedem Haus an der norwegischen Küste, sie
sind klein und nicht immer gut erhalten. Die Rede ist von
Bootsschuppen. So mancher ausländische Besucher wird vermuten, dass es sich hier um Unterkünfte für die Armen der
Gemeinde handelt.

Die Norweger haben viele Begriffe für ein »Haus am Wasser«. Als »Naust«, also »Bootsschuppen« oder »Bootshaus«,
wird traditionell der Ort bezeichnet, an dem ein Boot samt
dazugehöriger Ausrüstung gelagert wird, es handelt sich um
einen Schuppen ohne gezimmerten Boden, bei dem ein Gie-
bel zum Meer weist. In *Kongerikerne Danmarks og Norges
samt hertugdømmerne Slesvigs og Holsteins Historie indtil
vore Tider* (›Die Geschichte der Königreiche Dänemark und
Norwegen sowie der Herzogtümer Schleswig und Holstein bis
in unsere Zeit‹) aus dem Jahr 1777 wird ein »Bootsschuppen«
von Ludvig Albrecht Gebhardi und Wilhelm Ernst Christiani
beschrieben:

Dies könnte eine Hütte sein   Man könnte sie renovieren und hübsch herrichten. Man könnte. Ich sage nicht, dass es nicht getan wurde. Ich sage nur, dass es getan werden könnte. Heuschober und Bootsschuppen mit herbstlicher Birke am Ufer des Sandvinsvatnet, Jordal, Odda, Hardanger, Hordaland.

»König Eystein I. errichtete bei Trondheim ein Bootshaus, in dem alle königlichen Schiffe untergebracht werden konnten, aber im Jahr 1156 wurde es in Schutt und Asche gelegt und kein neues gebaut. Bei diesem Bootshaus oder wie man es jetzt nennt, diesem Nøste, handelte es sich um ein umschlossenes Dach auf dem Land, unter welchem man bei Beginn des Frostes die aus dem Meer gezogenen Schiffe unterstellte und so vor Schnee und Regen bewahrte.«

Als »rorbu« oder Fischerhütte wird die Saisonwohnung der Fischer bezeichnet, die an der Møre-Küste und weiter nördlich arbeiten. Das »fjæremannshus«, also das sogenannte »Haus der Ebbe-Männer« war die Wohnstatt der Bauern aus Nordhorrland, die in der Fischsaison zur Küste zogen.

Diese Unterschiede sind nicht ganz unwesentlich, da es in Norwegen immer wieder zu enormer Frustration und wütenden schriftlichen Auseinandersetzungen über die Frage kommt, ob diese Gebäude zum Übernachten geeignet sind oder nicht.

Die Fischerhütte – das bisher eine Art maritime Arbeitsbaracke ohne nennenswerten Komfort war – avanciert derzeit zur Übernachtungsalternative für exklusive Urlaube. Der »Bootsschuppen« hingegen wurde traditionell nicht als Unterkunft für Menschen genutzt, und sein Besitzer bekommt selten die Erlaubnis, daran etwas zu ändern. Es war ein gefundenes Fressen für die norwegische Presse, als die damalige Fischereiministerin Helga Pedersen 2009 Freunde in ihrem Bootshaus übernachten ließ und damit einen Skandal auslöste. Nur wenige norwegische Häuser liegen so nah am Meer und dem Wasser wie Bootshäuser. Und in dem Maße, wie in Norwegen die Arbeitsplätze auf dem Meer verschwinden, scheint sich die Anziehungskraft der Bootshäuser zu erhöhen.

Gleichzeitig sind viele Bootshausbesitzer durch den wachsenden Wohlstand in der Lage, bei einem Gebäude, das ursprünglich als Lagerraum für ein Boot gedacht war, in Isolierung, Dreifachverglasung, Küche und Toilette zu investieren. Man könnte in solchen Bootshäusern also gut übernachten, würden nur die gesetzlichen Verordnungen entsprechend geändert.

Sind Norweger konformistische Prinzipienreiter oder haben sie einen Hang zur anarchistischen Improvisation? Selten allerdings erlebt man den norwegischen Anarchismus ausgeprägter, als wenn es um die Bereitstellung von Schlafplätzen für Gäste geht, die auf der Suche nach einer Ferienwohnung an der Küste sind.

Das Bootshaus ist auch ein extrem gut geeigneter Ort für Feste. Ist man jung, wird man hier nicht von seinen Eltern gestört, ist man erwachsen, stört man die Kinder nicht. An diesem Ort werden die häuslichen Regeln außer Kraft gesetzt. Hier gibt es weder Überwachung noch Kontrolle. Hier bin ich Mensch, hier darf ich's sein.

WAS MAN IN EINEM BOOTSHAUS HABEN *KANN*

In den siebziger Jahren galten Fischernetze und Glasbojen als das absolut Tollste auf dem Gebiet des Interieur-Designs. Vom »pittoresken« Restaurant bis zum Jungenzimmer in Oslos Vorstädten: Sie waren überall. Eine ganze Generation erlebte den ersten Kuss, das erste Glas Rotwein, die erste Begegnung mit Jefferson Airplane oder Pink Floyd im funkelnden Schein grüner Glasbojen.

Dann war es damit vorbei. Eines Tages hatte man die Fischernetze und Glasbojen grundlegend satt, während Schlaghosen, Kinder mit Topfschnitt und Braun-Orange-Kombinationen im Abstand von einigen Jahren immer wieder auftauchten.

Netze und Bojen werden jetzt aus Plastik hergestellt, und Dinge aus Plastik eignen sich nicht als Dekoration, es sei denn, man ist ein ausgesprochener Modernitätsfetischist.

Dies ist nicht nur eine romantische Einschätzung. Plastik entwickelt selten ›beausage‹, diese besondere Patina, die Dinge mit der Zeit bekommen, wenn sie benutzt werden. Plastik wird einfach nur schmutzig und dann geht es kaputt. Ironischerweise löst sich Plastik nie ganz auf, und gleichzeitig werden Produkte aus Plastik nicht alt genug, um auf eine würdige und ansprechende Weise abgenutzt auszusehen.

Dem Gebrauchtwarenmarkt nach zu urteilen, sind alte

Glasbojen entweder in Kellern und Bootshäusern sicher ver-
wahrt und verpackt oder sie wurden weggeworfen.

Doch wenn genügend Menschen etwas weggeworfen haben, wird es plötzlich wieder interessant. Es ist wie mit den
Namen: Man muss nur warten, bis Tante Svanhild und Tante
Gerda gestorben sind, und es wird nicht lange dauern, bis
diese Namen wieder populär sind.

Es könnte also passieren, dass die Zeit der Glasbojen zu-
rückkommt, und wo sind sie besser aufgehoben als in einem
Bootshaus, wo das ein oder andere Exemplar vielleicht so-
wieso noch liegt? Ich war nie besonders gut darin, so etwas
vorherzusehen.

DER TISCHLERSCHUPPEN ODER DIE STRAFE, DIE KEINE STRAFE IST

Du lieber kleiner Tischlerschuppen
hier bin ich wieder

Jetzt eilt's, kannst du mir glauben,
jetzt wird mir die Hölle heiß gemacht

Tischlerschuppen hopp fallera
Tischlerschuppen hopp fallerej
wie gut, dass ich Ärmster hopp fallera
so einen wie dich habe hopp fallerej

Astrid Lindgren
Du lieber kleiner Tischlerschuppen

Es gibt keinen Schuppen, der eine zentrale Rolle in der
skandinavischen Literatur hat als der Tischlerschuppen von

Michel aus Lönneberga. Die stillschweigende Übereinkunft zwischen dem Bauernjungen Michel und seinem schwer cholerischen Vater lief offensichtlich darauf hinaus, dass Michel den Tischlerschuppen erreichen und die Tür schließen musste, bevor sein Vater ihn erwischte. Dann schnitzte der Junge seine Holzmännchen und dachte über seine Missetaten nach. Für Generationen von skandinavischen Jungen, die in der Stadt aufwuchsen – und die sich lange Zeit stärker mit Michels Leben identifizierten als mit ihrem eigenen –, erschien der Tischlerschuppen als eine erträgliche, ja, geradezu attraktive Methode des Bestrafens. Dass diese Disziplinarmaßnahme nicht verbreiteter ist, bleibt ein Mysterium. Das Kind hat seine Ruhe, die Eltern haben ihre Ruhe (und ein kleines bisschen versteht man ja auch, dass sie sich Ruhe wünschen), und die kleinen Jungs haben Zugang zu gefährlichem Werkzeug.

Diejenigen von uns, die mal ein Messer in den klebrigen kleinen Händen halten durften, haben sehr schnell erkannt, dass es gar nicht so einfach ist, Holzmännchen zu schnitzen, wie es uns Astrid Lindgren suggeriert. Damit entstand ein Gefühl von heftiger Unterlegenheit gegenüber a) Jungen vom Land und b) Menschen früherer Generationen, die noch wussten, wie man mit einem Schnitzmesser umgeht – eine Art Scham, die man seither nicht wieder loswurde.

Und als die Männer, die in ihrer Jugend die Bücher über den Michel aus Lönneberga gelesen haben, selbst Väter geworden sind, ergriff viele von ihnen die Panik: Sie konnten mit ihren Händen nichts anfertigen. Und dabei waren handwerkliche Fertigkeiten, ein Symbol für Männlichkeit, für Väter plötzlich so wichtig.

Sam Mendes' Film *Away We Go – Auf nach irgendwo* – nach dem Drehbuch der amerikanischen Autoren Vendela Vida und Dave Eggers – handelt von einem jungen Paar, das ein Kind erwartet. Eines Morgens erwacht sie, während er bereits

mit etwas beschäftigt ist. Sie fragt, was er macht. »Rumschus-
tern«, antwortet der Mann, der mit einem Holzstück und einem Messer dasitzt. »Ich möchte ein Vater sein, der weiß, wie
man etwas aus Holz macht.«

»Nein, das heißt anders«, erwidert sie. »Schuhe werden ge-
schustert. Deswegen nennt man Leute, die Schuhe herstellen,
Schuster. Du schnitzt oder besser gesagt, du ritzt.«

Ein wichtiger schwedischer Querverweis auf Schuppen –
als Ergänzung zu unserem Michel aus Lönneberga – ist Lukas
Moodyssons Film *Zusammen!*. Der Film spielt 1976, und der
übergewichtige, bebrillte Vater erklärt seiner verschlossenen,
frustrierten Familie, dass er jetzt in den Keller geht, um zu
schreinern. Dort schlägt er ab und zu mit einem Hammer auf
den Tisch – und blättert in Pornoheften. Das Gelächter, das
diese Szene auslöst, hat nicht nur mit einer geheuchelten
oberflächlichen Korrektheit zu tun, während man sich insge-
heim nach eher frivolen Ablenkungen sehnt. Es bezieht sich
auch auf das Mysterium vom Mann und seinem Keller. Dem
Loch, in dem der Mann verschwindet und Gott weiß was tut,
denn natürlich erzählt er niemandem etwas davon, wenn er
wieder herauskommt. Und wenn die Antwort lautet: »Er sieht
sich Pornohefte an«, dann lachen wir. »Ja, ha, ha, ha. Ganz
bestimmt sieht er sich Pornohefte an!«

Und das war's dann auch schon.

SHEDS & KLEINGÄRTNER ODER KRIEG UND VERBRÜDERUNG IN EUROPA

Hat man erst einmal die vielen Nähmaschinengeschäfte in
Finnland bemerkt, wird man sie künftig nicht übersehen. In
Norwegen scheint es viel zu viele Friseursalons zu geben,
dass ein Ausländer eigentlich den Eindruck haben muss, wir

leben davon, uns gegenseitig die Haare zu schneiden. In Spanien, man kann es nicht glauben, boomt der Wirtschaftszweig, der sich auf die Herstellung von mittelalterlichen Schwerter-Imitaten spezialisiert hat.

Und betritt man einen x-beliebigen Kiosk in England, wird man von den vielen Zeitschriften für Eisenbahn-Enthusiasten förmlich erschlagen. Und dabei handelt es sich nicht um ein Nischenprodukt, das man an Bahnhöfen findet, die Zeitschriften gibt es überall. Nicht die Boulevard-Blätter mit Titeln wie »Sex Sadist Roasts Wife's Mum Alive« sind der Renner, sondern Zeitschriften, die sich an Modelleisenbahnbauer richten, an Leute, die sich für historische Züge interessieren, an die Ingenieure unter den Eisenbahn-Fans. Überall liegen sie stapelweise, die Eisenbahnzeitschriften.

Die Feststellung ist so banal wie richtig: Großbritannien hat sich in den letzten fünfzig Jahren verändert. Dennoch lebt ein Teil der britischen Hobbyszene nach wie vor in einer Art anachronistischer urbritischer Schattenwelt, in der sich Tweed und Asperger-Syndrom die Hand geben. Brieftaubenzucht, Whippet-Rennen. Cricket. Trainspotting. Und – in diesem Zusammenhang besonders wichtig: The garden shed.

Unterscheidet man in Norwegen zwischen Gartenparzellen (ohne Hütte) und Kleingärten (mit Hütte zum Übernachten) haben die Briten eine Zwischenform. Zum britischen »allotment garden« gehört ein Schuppen, *the shed*, zum Aufbewahren von Gartenwerkzeug und Gartenmöbeln. Das Wort hat die gleichen Wurzeln wie das Wort für Schatten, *shadow*.

Es liegt ein Hauch von Kriegsheroismus über den britischen Schrebergärten. Während der beiden Weltkriege gab es nahezu anderthalb Millionen Kleingärten, und man geht davon aus, dass zehn Prozent des Gemüses, das die Briten von 1940 bis 1945 aßen, dort angepflanzt wurde. Zehn Prozent hört sich nicht sonderlich viel an, aber es heißt, dass genau diese,

Zwei Arten zu leben Die Kleingärten von Etterstad in Oslo liegen direkt hinter einem Hochhaus-Gebiet. Erfindungsreichtum und Schönheit der Kleingartenhütten zeigen, wie sehr ein Haus einem Schuppen ähneln und gleichzeitig ein eigenständiges und glamouröses Heim sein kann.

im Gegensatz zu den in Großbritannien vertriebenen Gemüsesorten, Vitamine enthielten.

Heute gibt es noch immer eine Viertelmillion Kleingärten in Großbritannien. Und natürlich verfügen in diesem Land der Modelleisenbahnbauer und Treibhausgurkenwettbewerbe viele über ein Shed und geben sich nicht damit zufrieden, es nur zum Aufbewahren von Hacke und Spaten zu nutzen. Sheds werden zu allem Möglichen benutzt, da wird Bier gebraut, da übernachtet der alkoholisierte Vetter, wenn die Ehefrau ihn nicht mehr ins Haus lässt. Als Dunkelkammer für Schmalfilmfotografen und Observatorium für Hobbyastronomen ist es ebenfalls geeignet. So wie die Zeitung *VG* Norwegens hübschestes Außenklo kürt, finden bei den Briten lokale und nationale Wettbewerbe für das beste Shed statt. Der Gartenboden wird zu einer Art Leinwand, auf der britische Selbstentfaltung und Ausdrucksbedürfnis sich in all ihrer erdfarbenen Fülle entfalten.

Shed ist ein Wort, das Assoziationen an Gemütlichkeit und Wärme hervorruft, es ist eher »heimelige Ecke« als »Verschlag«. Dies spiegelt sich auch in der Verwendung des Begriffs als Name von Pubs, Restaurants oder Nippesläden wider: The Woolshed Pub oder Ye olde shed. (Englisch sprechende Menschen benutzen häufig »ye«, wenn sie besonders smart wirken wollen, aber dies beruht auf einem Missverständnis. Früher gab es im Englischen ein eigenes Zeichen für den »th«-Laut – wie für das isländische ð, das inzwischen als »y« betrachtet wird. Ein Zeitreisender aus dem Mittelalter hätte also kaum etwas von der »ye«-Geschichte.)

Gleichzeit birgt das Wort Shed etwas Dunkles, Feuchtes und Erschreckendes in sich, am besten wiedergegeben in dem Satz »I saw something nasty in the woodshed«. Der Satz stammt aus Stelle Gibbons' 1932 erschienenem Roman *Cold Comfort Farm.* Es ist eine Parodie auf den Typus von Erzählung, der die Mittelschicht mit Schilderungen darüber unterhalten will, wie schrecklich schlecht es der Unterklasse geht. Gesagt wird der Satz von einer alten, eingetrockneten Matrone, die den bezeichnenden Namen Ada Doom trägt. Heute steht dieser Ausdruck für all die zwielichtigen Dinge, die in britischen ländlichen Ortschaften geschehen.

Es gibt noch ein zweites Land mit einer ausgeprägten Kleingarten-Kultur: Deutschland. Allein in Berlin gibt es momentan über achthundert Schrebergartengebiete. Wie in Großbritannien waren sie während der beiden Weltkriege wichtig für die Versorgung der Stadtbevölkerung mit Nahrungsmitteln. Nach dem Zweiten Weltkrieg führte der Mangel an Wohnraum zu einem illegalen, aber tolerierten Ausbau der Schuppen zu Wohnungen und einem verhältnismäßig hohen Anteil an Kleingarten-Besitzern, die dort ständig wohnten.

Ein klassisches Zeichen von Krisen. Steinar Wikan beschreibt in seinem Buch *Kola* russische Rentner, die aus Mangel an geeignetem Wohnraum in Hütten im Wald gezogen sind.

Ein anderer Indikator für eine Krise ist »The hot waitress index«, eingeführt vom *New York Magazine*. Je schlechter die Zeiten, desto attraktiver die Kellnerinnen und Kellner, weil sich die Restaurant- und Barbesitzer so einen höheren Umsatz erhoffen.

Wenn Ihre Eltern also die Kleingarten-Verordnung missachten und sich das ganze Jahr über in ihrem Gärtchen aufhalten, wissen Sie, dass Gefahr droht.

NEW YORK ODER WIE KURZZEITLAGERUNG UND LIBERALE POLITIK ZUSAMMENHÄNGEN

Finden Sie, Sie haben zu wenig Platz? Mieten Sie eine Wohnung in New York. Im Allgemeinen ist es doch so, dass alles klein und eng erscheint, wenn man von einer Reise aus den USA zurückkehrt. Die Straßen sind schmaler, die Proportionen kleiner, die Kaffeetassen winzig und die Fenster Gucklöcher.

Begrenzt man hingegen den USA-Aufenthalt auf New York, fühlt sich hinterher alles an wie in der ukrainischen Steppe. In New York sind die Flure so eng, dass man wieder in die Wohnung zurücktreten muss, wenn man jemandem im Gang begegnet – egal, wie schlank man ist. Und es gibt schlichtweg keinen Platz für ... Dinge.

In anderen Gegenden der USA stolpert man in den Wohnungen der Mittelschicht ständig über Fitness-Geräte, Taucherausrüstungen und Surfbretter, vor allem bei den Leuten, die so hart arbeiten und so wenig Urlaub haben, dass sie die Sachen gar nicht nutzen können. Wer in New York wohnt, kommt sich vor wie ein Astronaut. Gleich hinter der Ladentür bricht man den Stil seiner Zahnbürste ab und befreit die eben gekauften Lebensmittel von ihrer Verpackung. Denn zu Hause ist kein Platz. Sogar Menschen, die nach norwegischen Maßstäben gut verdienen, leben ohne Spülmaschine, denn es gibt keinen Platz, um sie aufzustellen. Aber das ist okay, denn Platz für Besteck oder Geschirr gibt es auch nicht.

Einige New Yorker, nicht alle, aber ein paar, brauchen dennoch mehr als die Klamotten, in denen sie herumlaufen. Einlagerung oder Selfstorage ist die Lösung. Keine Lagerfirma macht mehr Werbung als Manhattan Mini Storage. Sogar in verhältnismäßig vornehmen Gegenden der Stadt mit Wohnungen, die für New York als groß bezeichnet werden können, verfügt man nicht unbedingt über einen Kellerraum. All die Dinge, die man jetzt gerade nicht, aber vermutlich bald (Kinderkleidung für die kleinere Schwester) oder hin und wieder benötigt (Tennisschläger, Slalomski), stehen daher entweder im Wohnzimmer herum, oder sie werden außerhalb der Wohnung gelagert.

Obwohl Selfstorage ein verbreitetes Phänomen in den USA ist, ist die Botschaft von Manhattan Mini Storage besonders typisch für New York. Und da sie so typisch für New York ist, ist sie auch Kult. Die Werbung ist in der ganzen Stadt zu sehen, mit einer beinahe bedrohlichen Botschaft für diejenigen, die keine wahren New Yorker sind: »You'll fit right in. In Connecticut« und »No one gets famous in Des Moines«.

Um die Verbindung zwischen einem wahren New Yorker und dem Mieter eines Storage-Platzes zu festigen, wird beinahe parodistisch New Yorks liberaler politscher Slogan eingesetzt: »If you don't like gay marriage, don't get gay married.« Und einer der hoffnungsvollen Republikaner bei der Präsidentschaftswahl 2013 musste für diesen sarkastischen Kommentar herhalten: »Rick Perry: The voice in your head is not God.«

Allerdings stehen die New Yorker vor der gleichen Herausforderung wie die Menschen überall, wenn es um Selfstorage geht: Läuft es darauf hinaus, dass man für die Einlagerung mehr bezahlt, als wenn man die Sachen einfach wegwerfen und später neu kaufen würde? Eine Box von vier Quadratmetern kann bei Manhattan Mini Storage schnell über dreitausend Euro im Jahr kosten, da hat es wenig Sinn, sie mit Tapetenresten zu füllen, die man möglicherweise eines Tages noch einmal braucht. Oder mit einer nicht mehr zu reparierenden Schreibmaschine, die lediglich noch einen Liebhaberwert hat, Kleidung, die aus der Mode gekommen ist, oder Sportgeräten, die man sich ebenso gut leihen kann.

Beim Selfstorage muss man die gleiche mathematische Rechnung anstellen wie beim Kauf eines Bootes oder eines Wohnmobils: Mit den Maßstäben eines herz- und seelenlosen Wesens aus dem äußeren All betrachtet, sieht es häufig so aus, als sei es nicht besonders lohnenswert. Einlagern wird teurer als Benutzen und Wegwerfen, ebenso, wie jede Nacht in einem engen und noch nicht abbezahlten Wohnmobil mehr kosten kann als entsprechend viele Aufenthalte in einem luxuriösen Hotel.

Aber man kann sich natürlich auch voller Dankbarkeit den halbvergammelten Dachboden seines Mietshauses oder den erbärmlich kleinen Keller seines Reihenhauses ansehen und denken, dafür müsste ein New Yorker über dreitausend Euro im Jahr bezahlen.

EIN AUFENTHALTSORT ODER DIE GESCHICHTE DER GEHEIMEN MÄNNERHÖHLE VON ALBANY

Im Jahr 2009 wurde ein Geheimraum in der Garage des ehrwürdigen Capitol-Gebäudes in Albany gefunden, dem Sitz der gesetzgebenden Versammlung im Teilstaat New York. Die Augenzeugenberichte über den Raum hören sich an wie eine Parodie auf männlich geprägtes Einrichtungs-Design: Es gab alte Sofas, mehrere Kühlschränke, Fernseher, alte DVD's mit der Serie M*A*S*H und Wasserpfeifen. Hier hatten sich die Wachtmeister Louis Marciano und Gary Pivoda entspannt und das Leben genossen.

In der Lokalpresse bekam der Raum den Namen »The Man

Cave« und in dem folgenden Prozess wurde behauptet, Marciano und Pivoda hätten sich nicht nur während der Arbeitszeit dort aufgehalten, sondern den Raum auch zum Verkaufen von Cannabis genutzt und dort Haschisch geraucht. Ihr Anwalt erklärte seinerseits, es hätte sich um einen »Pausenraum« gehandelt, wie so viele andere Pausenräume in ganz Amerika.

Der Architekt und Stadtplaner Andrés Duany sah noch einen anderen Aspekt der Männerhöhle und ihrer Nutzung: »Hätten Frauen diesen Raum besetzt und mit netten Stühlen, Spiegeln und Schminktischen ausgestattet, wäre die Reaktion sofort gewesen: ›Oh, die armen Frauen, sie haben es getan, weil wir ihnen keinen Platz gelassen haben!‹ Sie hätten unsere volle Sympathie genossen.« Duany vergleicht Marcianos und Pivodas Zimmer mit dem im viktorianischen Zeitalter bekannten sogenannten »growlery«, am besten vielleicht übersetzt mit »Brummstübchen«. Charles Dickens beschrieb es in seinem Roman *Bleak House*: »Sie müssen wissen, das ist mein Brummstübchen. Wenn ich schlechter Laune bin, gehe ich hierher und brumme.«[3]

Die Regeln, wie man sich in der Familie, im öffentlichen Raum oder am Arbeitsplatz zu verhalten hat, unterscheiden sich, glücklicherweise vielleicht, von den Regeln, die Männer aufstellen, wenn sie unter sich sind. Dies hat selbstverständlich Konsequenzen für die Einrichtung eines Heims. Ist die Wohnung nicht feminisiert, so ist sie

[3] »This, you must know, is the growlery. When I am out of humour, I come and growl here.« Übersetzung aus: Charles Dickens, Bleak House. Roman. Aus dem Englischen von Gustav Meyrink, Frankfurt/M. 2010. S. Fischer Verlag

doch zumindest entmaskulinisiert. Wer kennt sie nicht, diese Situation. Wir besuchen einen testosterongesteuerten Mann zu Hause – und sehen, dass er umgeben ist von Spitzen, Rüschen und Nippes. Kennen Sie einen Mann, dem es gelungen ist, sich in der Familienwohnung einen Raum zu erobern, um dort Werkzeug an die Wand zu hängen, die Beine auf den Tisch zu legen oder einem nassen Hund zu gestatten, sich auf den Fußboden zu legen?

Solche Räume muss man sich woanders schaffen. In den muslimischen Ländern gibt es die Teehäuser, in England ist es der Pub. Clubhäuser von Rockergangs sind vielleicht das extremste Beispiel. In Italien, wo die Kinder sehr viel später von Zuhause ausziehen als in Norwegen, ist es nicht ungewöhnlich, dass junge Männer gemeinsam ein Clubhaus mieten, um einen Ort zu haben, wo sie Musik spielen und wohin sie ein Mädchen mitnehmen können.

Sieht man Fernsehserien wie *Lass es, Larry!* aus den USA, *Klovn* aus Dänemark oder *Helt perfekt* aus Norwegen, wird klar, dass sich reine Männergemeinschaften nur bei der Ausübung eines Hobbys finden. Die Hobbys wechseln in jeder Folge, teils um die Basis für neue Gags zu schaffen, aber auch, weil sich die Hobbys des modernen Städters ständig ändern.

Der Komiker Louis C. K. behauptet, dass Hobbys nur eine Entschuldigung für Männer sind, um die Zeit nicht mit ihren Frauen verbringen zu müssen. Aber angesichts der Begeisterung von Oldtimer-Enthusiasten und Mehrkampf-Aktivisten scheint dies nicht ganz glaubwürdig zu sein.

Dass Männer angeln oder Sport treiben, statt sich nur zu unterhalten, wird vulgärpsychologisch damit erklärt, dass Männer etwas Konkretes tun müssen, um nicht von anderen (oder sich selbst) verdächtigt zu werden, homosexuell zu sein. Diese Theorie ist ebenso frauen- und männerverachtend wie homophob, da sie voraussetzt, dass Frauen und Homophile in Gemeinschaft nur quatschen. Frauen, die sich an Lesezirkeln, an Frauen-Wandergruppen, Tupperware-Partys oder Aerobic-Kursen beteiligen, entschuldigen sich häufig dafür und gehen beinahe schamhaft damit um; ein unglückliches Manöver, das vertuscht, dass auch diese Aktivitäten ein Ziel und ein Ergebnis haben. Der Wunsch, aktiv zu sein, ist nichts spezifisch Männliches.

Der Wunsch, sich nur der Sozialisierung wegen zu sozialisieren, scheint bei Männern hingegen nicht immer stark ausgeprägt zu sein. Die Motivation, sich bei der häuslichen Einrichtung zu engagieren, ist dementsprechend gering. Steht ein Mann im Mittelpunkt einer Reportage über schönes Wohnen, hört man immer wieder: »Ich habe das Wohnzimmer zu einer Kopie des Raumschiffes in Star Trek gemacht.«

DIE
SCHLÜSSEL

Wie Sie Ihre Sachen vor Dieben sichern, hängt natürlich davon ab, wer die Diebe sind. In Nordamerika lagerten die Goldgräber ihre Lebensmittelvorräte in kleinen Speichern auf drei Meter hohen Pfosten über dem Boden, sogenannten *caches*, damit sie für Bären nicht so leicht zugänglich waren. In Norwegen wurden die Vorratshäuser anderthalb Meter über dem Boden gebaut, um Mäuse, Ratten, aber auch Feuchtigkeit fernzuhalten.

In der heutigen Zeit sind nicht die Tiere, sondern die Menschen die größte Bedrohung. Und so, wie man sich in den unterschiedlichen Gegenden vor unterschiedlichen Tieren schützen musste, muss man den Keller heute vor unterschiedlichen Typen von Menschen schützen, je nachdem, wo man wohnt.

Wohnt man in einer vornehmen Gegend am Stadtrand, muss man sich gegen den tüchtigen, mit den Verhältnissen vertrauten Dieb wehren, der sich mit Alarmsystemen auskennt und weiß, wie er größere Gegenstände am besten abtransportiert. Wohnt man in der Innenstadt, ist es wahrscheinlicher, dass der Dieb zu Fuß unterwegs ist. Er wird sich auf Dinge konzentrieren, die er mit den Händen davontragen kann.

Einen Keller muss man also abschließen können.

Generell schlecht sind Schlösser mit diesen Eigenschaften:

- kleine Schlösser (leicht zu zerschlagen)
- billige Schlösser (schlechte Materialien)
- Schlösser aus Messing (zu weich)
- Kombinationsschlösser (verblüffend leicht ohne Code zu öffnen)
- Bügelschlösser (leicht mit einer Zange aufzubiegen)
- Rohrschlösser (leicht mit einem Dietrich zu knacken)

Diese Schlösser sind besser:

- große Schlösser (machen mehr Arbeit)
- teure Schlösser (bessere Materialien)
- Stahlschlösser (sehr schwierig durchzufeilen)
- Bolzenschlösser (schwieriger mit einer Zange heranzukommen)
- Schlüssel – am besten die flache Sorte mit Profilkerben und Erhebungen auf der flachen Seite, nicht die Variante mit den geriffelten Bärten (schwieriger mit einem Dietrich zu knacken)

Wer mit Sicherheit weiß, dass er den Kellerschlüssel verlieren wird, kann einen Schlüsseldienst bitten, ein Vorhängeschloss anzufertigen, das sich mit dem Hausschlüssel öffnen lässt. Das funktioniert natürlich nur, wenn man nicht zu den Typen gehört, die auch die Hausschlüssel verlieren. Allerding spielt es eine geringe Rolle, welche Sorte Schloss man hat, wenn die Türscharniere herausgebrochen werden können, wenn eine Wand aus Maschendraht aufgeschnitten werden kann oder der Keller ein Fenster hat.

Im Grunde entscheidet nur die Umgebung, in der man lebt, wie oft man mit einem Einbruch in den Keller zu rechnen hat.

DAS
KELLER
ZIMMER

ODER DAS VORLETZTE REFUGIUM DES MANNES

Wer in den sechziger, siebziger oder achtziger Jahren des letzten Jahrhunderts aufgewachsen ist, hat ganz bestimmte Erinnerungen daran, wie ein Kellerzimmer aussah. Neben dem eigentlichen Keller hatte dieses Zimmer die maskulinste Aura. Im Kellerzimmer fanden sich all die Dinge, die Kerle mögen: Gemälde von Segelschiffen und Jagdhunden an den Wänden, Fernseher und Spielkonsolen, Bücherregale mit veralteten Lexika, Stereoanlage und Langspielplatten.

Typischerweise standen im Kellerzimmer die Möbel, die als zu zerschlissen angesehen wurden, um noch länger im Wohnzimmer zu stehen. Die niedrige Decke, häufig kombiniert mit kleinen oder gar keinen Fenstern, trug dazu bei, dass es immer ein bisschen duster war – dadurch hielt sich auch der Reinigungsbedarf in Grenzen.

Die Kombination von zerschlissenem Mobiliar, Kiefernpaneelen und schlechter Beleuchtung wirkt immer maskulin.

Wer nie in einem Haus mit Kellerzimmer gewohnt hat, ging davon aus, dass der Hausherr sich dort die Sportschau ansah. Hörten wir von einem Vater, der »auf dem Sofa schlafen musste«, dachten wir, dass er das bestimmt im Kellerzimmer und nicht im Wohnzimmer ein Stockwerk höher tat.

Hier stand der Barschrank, und bei einzelnen, besonders wohlhabenden Familien sogar eine richtige Theke für die noblen Erwachsenenfeste. Dort gab es Platz für einen Tisch mit Brettspielen oder für eine Tischtennisplatte. Und es gab genügend Bodenfläche – und gleichzeitig nur geringfügig Verkehr von Müttern und Geschwistern –, um die Modelleisenbahn aufzubauen oder das große Puzzle mit dem Alpenmotiv auszulegen. Las man in der Zeitung von Jugendlichen, die ihre eigene Band gegründet hatten, wurde diese meist in einem Keller fotografiert. Offenbar gab es tatsächlich Eltern, die ihre Kinder ermunterten, Schlagzeug zu spielen. Eigentlich unglaublich.

Möglicherweise existieren solche Kellerzimmer noch immer, aber auf Fotos sieht man sie wahrlich nicht mehr häufig. Es ist zu vermuten, dass mehrere Faktoren »dem klassischen Kellerzimmer« entgegengearbeitet haben, wie es noch vor nicht allzu langer Zeit existierte.

Die Sport- und Trainingsgeräte, die die Norweger in den letzten Jahrzehnten gekauft haben, mussten irgendwo abgestellt werden.

Die Hortangebote der Gemeinden, neue Kommunikationsformen, die Professionalisierung von Kindersport und der erhöhte Hausaufgabendruck dürften die Nachfrage nach einem Raum, in dem man viele aktive Kinder unterbringen kann, verringert haben. (Vielleicht ist aber auch das Gegenteil richtig: Früher hat das Kellerzimmer nach Waffenöl, Schweiß und Bier gerochen, nun ist es zu einem Spielzimmer mit fröhlichen Farben mutiert.)

Möglicherweise hat aber auch die Renovierungsbegeisterung zu einer Amnestie der Kellerzimmer in ihren Braun-, Grün- und Orangetönen geführt. Vermutlich sind die meisten jetzt schlicht weiß. Mit Downlights. Und umfunktioniert zu einem »Fernsehzimmer«.

Man richtet sein Zuhause nicht ausschließlich mit Dingen ein, die einem nützlich sind, sondern mit Dingen, von denen man glaubt, dass sie einem irgendwann einmal von Nutzen sein könnten. Aus diesem Grund gibt es in vielen Ferienhäusern Geschirr und Besteck für zwölf Personen. Man träumt davon, das Haus voller Leute zu haben und ein guter Gastgeber zu sein, obwohl die Chance, dass zwölf Personen, die man mag, gleichzeitig zu Besuch kommen könnten, extrem gering ist. Man könnte für diesen unwahrscheinlichen Fall auch

Pappteller in der Schublade haben. Die allermeisten Menschen finden es sogar witzig, hin und wieder von Papptellern zu essen, Herrgott, die Gesellschaft ist doch das Wichtigste. Aber Pappteller funktionieren eben nicht als Symbol der Hoffnung, bald einmal Gastgeber einer großen Runde zu sein.

Ebenso wie niemand Geschirr und Besteck für zwölf Personen im Ferienhaus braucht, benötigt kein Mann einen eigenen Raum in der Wohnung. Doch selbst Katzen und Hunde haben ihren eigenen Korb und ein paar Schälchen, die nur ihnen gehören. Jeder braucht sein eigenes kleines Fleckchen, auch wenn es gegen die übrige Ästhetik des Heims verstößt.

DIE
WERK
STATT

Ich bin ein Schreiner, hoble glatt,
ich hoble hin und her;
Ich hoble rund und hoble glatt,
als ob's geglättet wär'.
Ich schneide, stemme, bohre so,
dass alles wohl sich fügt;
drum bin ich immer lebensfroh
und singe ganz vergnügt:
Hei-di, hei-da, zum Tra-la-tra-la-la.
Hei-di, hei-da, zum Tra-la-tra-la-la.

(*Ich hoble hin und her,* Volkslied*)*

Die Werkstatt ist die Antwort des Mannes auf Clark Kents
Telefonhäuschen. Dort verwandelt sich der durchschnittliche,
gewöhnliche Bursche in einen Gott. Das, was einst geteilt war,
wird wieder zusammengefügt. Das, was einst zerbrochen war,
wird wieder ganz. Das, was nicht einmal existierte, wird her-
vorgezaubert.

Die Werkstatt ist auf der ganzen Welt geprägt von dem star-
ken männlichen Bedürfnis, etwas an die Wand zu hängen.
Wenige Dinge machen Männer glücklicher, als einen Nagel
einzuschlagen, nach dem einen oder anderen Gebrauchs-
gegenstand zu greifen und ihn an die Wand zu hängen. Vielleicht hat es mit den Hunderttausenden von Jahren zu tun, in
denen wir die Waffe und die Jagdgerätschaften jeder Zeit griff-

Do it yourself in allen Bereichen Wie viele Arbeits-schritte muss man zurückgehen, um etwas »selbstge-macht« zu nennen? Wird ein Regal angeschraubt, hat man das Werkzeug dazu ja in einem Laden gekauft, wie selbstgemacht ist es also? Dieses Holzschnitzwerkzeug für Totempfähle in einer Werkstatt in Laxgalts'ap, Ka-nada, wurde aus alten Feilen und Autofedern handgefer-tigt. Aber die Feilen und Autofedern sind ja nicht selbst gemacht ...

bereit haben mussten; jetzt ist dieser Impuls auf Hausschlüs-sel, Rechnungen und Fahrradhelme übergegangen. Hätte die Fernbedienung des Fernsehers einen Ring oder einen Karabi-nerhaken, würden wir auch diese an die Wand hängen.

Offensichtlich sollte durch die Erfindung der Lochwand versucht werden, das Bedürfnis, etwas an die Wand zu hän-gen, gezähmt werden. Die Lochwand suggeriert, dass ein raf-finierter Gedanke dahintersteckt, Dinge an die Wand zu hän-

Eine Geschichte der Hoffnung Eine Werkstatt ist nie vom ersten Augenblick an perfekt.

gen. In die kleinen Löcher kann man kleine Haken stecken, an die dann das Werkzeug gehängt wird.

Ich stehe Lochwänden ambivalent gegenüber. All diese unterschiedlichen Varianten von spezialisierten Haken und Behältern lassen auf eine unzweckmäßige Detailfixierung und auf männliche Eitelkeit schließen. Aber Lochwände, Haken und Behälter sind sinnvoll, wenn die Wände in der Werkstatt dünn sind. Es gibt Männer, die – kaum hängt das Werkzeug an der Wand –, den Umriss nachzeichnen. Aber dies kann zu der zwanghaften Reaktion führen, das betreffende Werkzeug für alle Zeiten an eine möglicherweise unpraktische Stelle hängen zu müssen, nur weil man zu Beginn nicht genau genug nachgedacht hat. Man hat zwar eine Werkzeugwand, die möglicherweise aufgeräumt aussieht, bei der man sich aber jedes Mal, wenn man nach der Feile greifen will, auf die Zehen stellen muss.

Hat man keinen Platz mehr an der Wand, gibt es diese Boxen mit großen, tiefen Schubladen, die in der Praxis genauso funktionieren wie die Wandaufhängung, nur horizontal. Diese Schubladen sind oft ziemlich teuer, und es bedarf einer eisernen Disziplin, um sie nicht so voll zu stopfen, dass man am Ende gar nichts mehr findet.

Werkstätten ähneln sich häufig, weil sich so viele Dinge von selbst ergeben. Kleine, harte Gegenstände (Nägel, Schrauben) werden in Schritthöhe aufgehängt, und große, schwere Dinge (Farbeimer und Behälter mit Chemikalien) werden unter die Schritthöhe gestellt. Nach einer Weile wird die Werkstatt ganz von allein ihre größtmögliche Zweckmäßigkeit erreichen.

Umberto Eco hat mehrfach seine Irritation beschrieben, wenn Gäste, die ihn besuchten, ausriefen: »So viele Bücher haben Sie!«, um danach sofort zu fragen: »Und haben Sie die alle gelesen?« Eco vermutet, dass niemand einen Automechaniker fragt, ob er seine sämtlichen Schraubenschlüssel schon einmal benutzt hat – alle wissen, dass er für den Fall der Fälle eben Schraubenschlüssel in allen Größen haben muss.

Die Werkstatt ist die physische Antwort auf die Frage »Was ist, wenn«? Was ist, wenn die Spielzeugbatterie leer ist? Das Batteriefach des Spielzeugs ist heutzutage mit Schrauben verschlossen, für die man winzige Schraubenzieher braucht. Was ist, wenn das alte Rohr zu einer tollen Lampe umgebaut werden soll? Was ist, wenn ich sämtliche Weihnachtsgeschenke in diesem Jahr selbst bastele? Was ist, wenn ich die geringste Ahnung hätte, was ich da treibe?

WAS MAN IN DER WERKSTATT HABEN MUSS

Es versteht sich von selbst, dass jemand, der Hundeschlitten baut, nicht genau die gleiche Ausrüstung braucht wie jemand, der Roboter bastelt, die eines Tages – *ha, ha, ha* – dem Nachbarn geben, was er verdient. Dennoch liste ich weiter unten einige grundlegende Dinge auf.

Wenn Sie bisher keine Werkstatt gehabt haben, müssen Sie sich immer vor Augen halten, dass die meisten Projekte, die Sie in Angriff nehmen wollen, Sie dazu nötigen, mehr Werkzeug und Ausrüstung zu kaufen, als Sie tatsächlich benötigen. Obwohl Sie nur zwei Muttern brauchen, müssen Sie eine Tüte mit zehn Muttern kaufen. Der Traum ist, eines Tages an einem Punkt angekommen zu sein, an dem man laut sagen kann: »Das Scheißding ist kaputtgegangen? Tja, kein Problem, ich habe die notwendigen Teile in der Werkstatt.«

WERKBANK

Normalerweise stellt man eine Werkbank an eine Wand. Schön. Aber was ist, wenn man zehn Zentimeter von einem Brett absägen muss? Was macht man, wenn das Brett auf der Werkbank liegt, die Bank aber rechts und links bis an die Wände reicht? Vielleicht lässt sich das Brett diagonal legen, sodass es ein kleines Stück hervorragt, aber zu einer guten Körperhaltung führt das bestimmt nicht.

Gibt es genügend Platz für eine freistehende Werkbank, stellt man sie am besten in die Mitte des Raums. Dann lässt sich die Schaufensterpuppe richtig festschrauben, um sie für das geplante Kunstprojekt zu zersägen, und so kann man auch auf beiden Seiten der Werkbank an dem von Batman inspirierten Motorrad arbeiten. Die Herausforderung bei freistehenden Werkbänken ist jedoch, sie ebenso stabil zu installieren wie Werkbänke, die man an der Wand befestigt.

Wenn der Raum nicht nur als Werkstatt dient, kann man die Werkbank auch so einrichten, dass sie sich auf- und abbauen lässt.

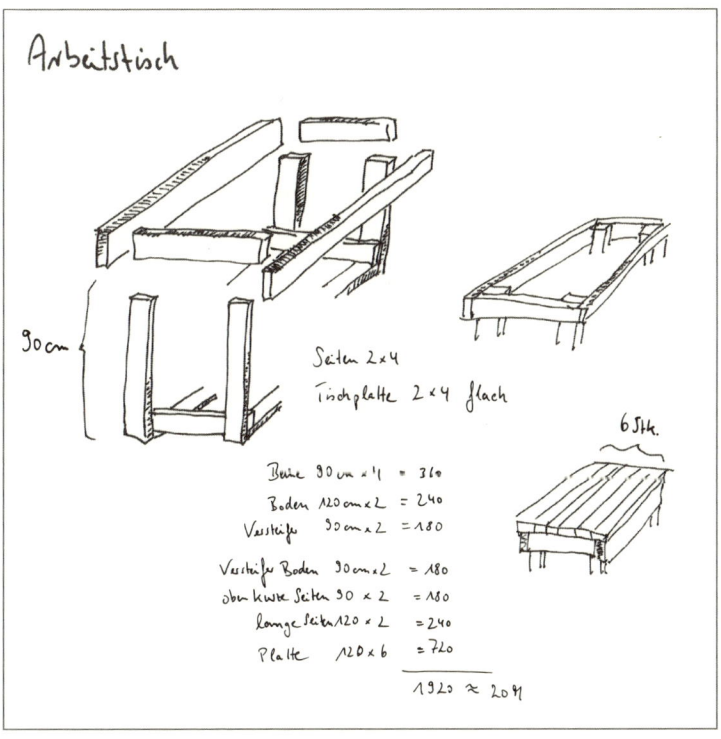

Alles auf den Tisch Entwurf für eine neue Werkbank bzw. einen Arbeitstisch. Der Arbeitstisch, den ich habe, ist in Ordnung, aber er ist an der Kellerwand befestigt. Der ganze Tisch besteht aus Vierkanthölzern (48 × 98 mm). Wie aus dem Entwurf hervorgeht, habe ich ausgerechnet, dass ich insgesamt zwanzig Meter benötige, um einen Tisch von der Größe 90 × 120 Zentimeter und 90 Zentimeter Höhe zu bauen. Die Rechnung ist grob, die endgültigen Maße hängen davon ab, wo ich das Baumaterial kaufe.

SCHRAUBSTOCK, KLEMMEN UND ZWINGEN

Das Projekt, an dem Sie arbeiten, wird sich verhalten wie der Familienhund, wenn Sie ein Foto von ihm machen wollen. Wenn es helfen würde, »Steh still, verdammt noch mal!« zu brüllen, sähe die Welt anders aus.

Dem Hund kann man beibringen, auf Kommando einigermaßen ruhig stehen zu bleiben, aber in der Werkstatt braucht man einen Schraubstock und bestimmt auch ein paar Zwingen. Für kleinformatige Projekte, Elektronisches oder Schmuck zum Beispiel, gibt es Werkzeug mit praktischen Klemmen und Montagehilfen, die »die dritte Hand« genannt werden.

LAGERSICHTKÄSTEN

Lagersichtkästen sind offene Kunststoffbehälter, die übereinandergestapelt oder an die Wand gehängt werden und die auf der Vorderseite etwas niedriger sind. Man kann mit seinen zitternden, blutbespritzten Händen einfach hineingreifen, ohne beide Hände benutzen zu müssen, um erst noch einen Deckel zu öffnen.

Lagersichtkästen kann man nicht genug haben. Machen Sie nicht folgenden Fehler und sagen: »Ich werde mich daran erinnern, dass ich die Unterlegscheiben M4, die Gummibänder und die Cutter in ein und demselben Lagersichtkasten aufbewahre« – denn das ist bereits der erste Schritt zur Werkstatthölle: Du wirst nie finden, was du brauchst.

Also: Ein Lagersichtkasten für jedes Ding.

Außerdem benötigen Sie für Unterlegscheiben, Schrauben und Stifte ein Schränkchen mit kleinen Schubläden, das Sie am besten an die Wand hängen.

MARMELADENGLÄSER

Dinge, die nicht ständig in Reichweite sein müssen und die man nicht ständig benötigt, lassen sich gut in Einmachgläsern aufbewahren. Sie haben eine Reihe von Vorteilen: Vorausgesetzt, Sie essen Marmelade (eingelegte Gurken oder Erdnussbutter), gibt es die Gläser sozusagen gratis. Sie sind durchsichtig, sodass man sehen kann, was drin ist. Und man kann die Deckel an der Decke festnageln und so wertvollen Platz sparen. Die Gläser können auch an der Unterseite von Regalbrettern befestigt werden. Sie werden auf diese Weise nach Gebrauch automatisch wieder am richtigen Platz festgeschraubt.

BLEISTIFT UND FILZSTIFT

Es gibt immer etwas zu notieren. Die flachen Zimmermannsbleistifte, die man in Baumärkten bekommt, sind sehr schön, aber schwierig anzuspitzen. (Versucht man es mit dem Messer, bricht schnell die Bleistiftspitze ab.) Runde Bleistifte, die mit einem gewöhnlichen Anspitzer funktionieren, sind ebenso gut. Ein wasserfester Filzstift, mit dem man auf Plastik schreiben kann (zum Beispiel, um die Lagersichtkästen zu beschriften), ist extrem nützlich.

Dinge, die ich erstaunlich oft benötige, die Sie möglicherweise aber überhaupt nicht brauchen

TAPETENMESSER

Weil ich immer meine, ich sei besonders raffiniert oder spare Geld, wenn ich etwas im Ausland bestelle, und weil die Sachen dort so gut eingepackt werden.

Glasklar Marmeladengläser zum Aufbewahren von diversen Schrauben und Muttern. Der Deckel muss mit mindestens zwei Nägeln befestigt werden, sonst dreht sich das Glas samt Deckel, wenn man es zum Öffnen abschrauben will. Je mehr Marmeladengläser man hat, desto größer ist die Chance, dass der Inhalt nicht vermischt wird.

KABELBINDER

Weil ich oft nicht ganz sicher bin, wie ich Dinge zusammenhalten kann, und Kabelbinder für eine gewisse Zeit dazu ausgezeichnet geeignet sind.

SUGRU

Sugru ist eine Silikonklebemasse, die sich formen lässt wie Plastilin. Sie bekommt eine radiergummiartige Konsistenz, wenn sie trocknet. Lässt sich für erstaunlich viele Dinge einsetzen.

GAFFA TAPE

Das silberfarbene Tape hat stärkeren Kleber und hinterlässt Spuren, wenn es entfernt wird. Das Schwarze ist nicht ganz so klebrig. Benutze ich aus dem gleichen Grund wie Kabelbinder.

AHLE

Man hat eine Schraube. Man hat ein Metallstück. Die Schraube soll in das Metallstück. Mit einer Ahle geht das schneller. Wenn man sich nicht auskennt, glaubt man schnell, eine Ahle sei kein Werkzeug, sondern primär eine Mordwaffe. Es gibt Ahlen mit rundem und viereckigem Profil. Ich habe nie verstanden, wozu die viereckigen gut sind, aber das sagt vielleicht am meisten etwas über mich aus.

DER
EXTREM
KELLER

Alle kennen dieses Phänomen. Nimmst du zwei große Koffer mit auf eine Reise, sind sie schnell voll bis zum Rand, wie die beiden kleinen Koffer, mit denen du letztes Jahr verreist bist. Schaffst du dir ein größeres Auto an, packst du auch dieses wieder bis zum Anschlag voll. Sogar in der Stadtplanung ist dieses Phänomen bekannt. Egal, wie viele neue Straßen gebaut werden, die Kapazität wird sofort gesprengt. Zusätzliche und breitere Straßen führen nur dazu, dass mehr Leute wieder mit dem Auto fahren, weil es praktischer ist, und beschweren sich dann, wenn sie im Stau stehen. Wieder einmal.

Das Gleiche passiert im Keller. Es spielt keine Rolle, wie viel Platz zur Aufbewahrung, Lagerung oder Werkstattarbeit uns zur Verfügung steht, wir brauchen immer mehr.

Die Brüder Homer Lusk und Langley Wakeman Collyer erlangten eine gewisse Berühmtheit für ihr zwanghaftes Sammeln von Zeitungen, Büchern und Musikinstrumenten. In ihrem Haus in Manhattan konstruierten sie sogar Fallen für unerwünschte Besucher, und bei den Brüdern Collyer war jeder Besucher unerwünscht. Um welche Art von Fallen es sich handelte, ist den Zeitungsberichten von damals nur schwer zu entnehmen, aber die Rede war von Auslösemechanismen für Schrottlawinen.

1947 fand die Polizei Homer tot in der Wohnung. Erst eine Woche später wurde sein Bruder Langley ebenfalls dort gefunden. Vermutlich hatte er sich einen Tunnel durch den gesammelten Müll gegraben, um seinem kranken Bruder etwas zu essen zu bringen, und wurde Opfer einer seiner eigenen Fallen.

2013 wurde der fünfundachtzig Jahre alte ehemalige Ingenieur Noel Rainer nach dreißig Stunden in seiner Wohnung in Essex, England, gefunden, wo er sich in seinem eigenen Schrott verfangen hatte.

Jeder kennt solche Geschichten.

Allerdings lässt sich nicht immer feststellen, ob es sich um eine generelle Schrott-Messie-Mentalität handelt, eine zwanghafte Sammelmanie, oder um das, was früher »Diogenes-Syndrom« genannt wurde und jetzt als »extreme Selbstvernachlässigung« bezeichnet wird. Der griechische Stoiker Diogenes von Sinope soll angeblich in einer Tonne gelebt haben. Früher wurde diese Form der Selbstvernachlässigung mit Besitzlosigkeit gleichgesetzt, während man heute den Begriff verwendet, wenn einer dabei ist, in seinem Wohlstandsmüll zu ersticken.

Sogar Menschen, die die besten Intentionen haben, vollkommen frei von psychischen Leiden sind, können zu viele Dinge anhäufen. Sie enden in der paradoxalen Situation, dass sie aus dem asketischen Wunsch heraus, ihre Wohnungen von all dem Müll zu befreien und ein sparsames Leben zu führen, den Dachboden mit Dingen und Gerätschaften vollstopfen, was letztlich dazu führt, dass sie den Dachboden nachträglich nicht mehr isolieren können und weit mehr heizen müssen, als eigentlich nötig wäre.

Eine verbreitete Variante, vor allem bei Menschen mit viel Grund und Boden, ist der private Autofriedhof. Für einen Außenstehenden ist es nicht einfach zu verstehen, weshalb jemand auf seinem Grundstück eine Menge Autowracks ansammelt. Wer hat schon drei Autos, zwei Traktoren und einen Bus, die alle gleichzeitig den Geist aufgeben? Wurden die Fahrzeuge nach und nach angeschafft und die anderen einfach stehen gelassen, als sie nicht mehr von Nutzen waren? Warum wurden sie nicht einfach in dem Moment entsorgt, als sie per Definition ein Wrack waren? Möglicherweise hätte es sogar eine Prämie gegeben?

Vermutlich hat jeder private Autofriedhof seine eigene, einzigartige Entstehungsgeschichte. Es könnte natürlich auch sein, und da gehe ich von mir selbst aus, dass wir tatsächlich die Absicht haben, die Fahrzeuge irgendwann zu reparieren oder aber sie als Lieferant für Ersatzteile zu nutzen.

Hat man sich langsam an den Anblick von Autowracks auf dem Hofplatz gewöhnt, sieht es gar nicht mehr so übel aus, vor allem dann nicht, wenn man genau weiß, wie es aussehen könnte, wenn endlich alles wieder aufgeräumt ist. Und vier Wracks sehen nicht viel schlimmer aus als drei. Dann kann man auch gleich noch den alten Gefrierschrank von Svendsen dazustellen, in dem eine Pumpe kaputt ist, die nicht mehr gebaut wird.

DER
SCHREIB
KELLER

Im Keller sind wir meist allein. Und egal, ob der Keller nun voller Schrott steht oder wie eine gut organisierte Werkstatt ausgerüstet ist, er steckt immer voller Erinnerungen und Träume von zukünftigen Projekten.

Der Vorteil des Schreibzimmers ist, dass man sich allem entziehen kann, was man an der Welt nicht mag, dies setzt allerdings voraus, dass man das Schreibzimmer ganz für sich hat.

GUTE SCHREIBKELLER

GEORGE BERNARD SHAWS ROTIERENDE MIKROSCHREIBSTUBE

Der erste Feminist, Urhippie und Ibsen-Vermittler George Bernard Shaw (1856-1950) war ein Sonnenanbeter und passte seine Schreibstube auf seinem Grundstück in Hertfordshire seinem Hang entsprechend an. Seine Schreibstube im Gartenpavillon war auf einer Drehscheibe angebracht und konnte nach der Sonne ausgerichtet werden. Obwohl der Pavillon manuell von außen gedreht werden musste, galt er seinerzeit als Hightech, zumal es darin auch einen Telefonanschluss gab.

ROALD DAHLS SKANDALBUDE

Salman Rushdie hat Roald Dahl (1916-1990) als einen »großen, unangenehmen Mann mit den Händen eines Würgemörders« beschrieben. Aber Dahl verstand etwas davon, es sich gutgehen zu lassen. Seine Schreibstube von 4,6 Quadratmeter Größe hatte weiße Wände, über den Armlehnen seines Ohrensessels lag ein Schreibbrett, darauf lag griffbereit eine Reihe von Bleistiften. Nach Dahls Tod begann seine Familie, Geld für die Renovierung seiner Schreibstube zu sammeln. Und veranschlagte dafür eine Summe von einer halben Million Pfund. Sie wurden für diese Aktion stark kritisiert, nachdem in der Presse die Einnahmen der Familie aus Dahls Büchern und die Einnahmen seiner Tochter als Model und Fernsehköchin offengelegt wurden.

STIG SÆTERBAKKENS GARAGE

Der norwegische Schriftsteller Stig Sæterbakken (1966-2012) richtete seine Garage in Lillehammer als Schreibzimmer ein. Ein Freund fertigte ein Schild »Antiquitätenhandel in Runkcdalen« an, das er vor das Garagentor stellte. Hier schrieb Sæterbakken die Entwürfe seiner Romane ohne Papier direkt auf den Schreibtisch, trank Laphroaig Single Malt Whisky und rauchte Zigarillos. Offensichtlich hatte er alles in Reichweite, was er an geistiger Nahrung benötigte: Zeitschriften, Bücher, Musik und einige Stapel Weinkisten.

DAS SCHREIB-BOOTSHAUS VON DYLAN THOMAS

Dylan Thomas (1914-1953) verbrachte die letzten vier Jahre seines chaotischen Lebens in einem Bootshaus in Laugharne in Wales. Das Gedicht »Over St. John's Hill« beschreibt die Aussicht, die er von seinem Arbeitszimmer hatte. Ganz sicher gab es viele Graureiher zu sehen. Dieser letzte Zufluchtsort eines gequälten Alkoholikers ist heute ein sehr schönes Museum, das auch als Veranstaltungsort genutzt wird.

Die Schreib*hütte* ist natürlich mit dem Schreib*keller* verwandt. Von Ludwig Wittgensteins Hütte in der norwegischen Gemeinde Luster ist nicht mehr viel zu sehen. Arne Næss' Hütte in Hallingskarvet kann man besichtigen, und Henry David Thoreaus Schreibstube bei Walden Pond in Massachusetts wurde nachgebaut.

Schreibkeller, Schreibhütten und Schreibstuben enden oft als Spielzimmer, Schuppen oder Aufbewahrungsort für Fahrräder, das ist ihr Schicksal. Das gilt natürlich nicht für die Schreibstuben von Berühmtheiten. Sie scheinen über ein ewiges Leben zu verfügen

Kladde Aus Stig Sæterbakkens Schreibgarage, mit dem Entwurf eines neuen Romans, ohne Papier direkt auf den Schreibtisch geschrieben.

DER KELLER
DES
SCHRECKENS

Man muss kein Psychologe sein, um zu wissen, dass uns nichts Angenehmes passieren wird, wenn wir uns in unseren Träumen in den Keller oder auf den Dachboden begeben. Wenn wir beim Hauskauf über die Anzahl von Zimmern reden, geht es nur um die Räume, in denen wir essen und schlafen werden. Vom Keller ist nie die Rede.

Denken wir an Kellerszenen in Filmen. Was fällt uns als Erstes ein? Das Gefangenenloch in *Das Schweigen der Lämmer*, wo der offensichtlich psychisch kranke Mörder seine Gefangenen wie Tiere hält? Das Warenlager in *Pulp Fiction*, wo der Ladenbesitzer seinen Sexsklaven The Gimp als – scheinbar freiwilligen – Gefangenen in einen Käfig sperrt? Oder was ist mit den Arbeitern, die in Fritz Langs *Metropolis* unter der Erde schuften? Vielleicht noch die dritte Folge der ersten Staffel von *Breaking Bad*, in der der Chemielehrer sich zusammenreißen muss, um einen gefesselten Mann in einem Keller zu ermorden?

Macht sich jemand im Film Richtung Keller auf, weiß man, dass nichts Gutes passieren wird. Der Dachboden ist kaum besser, trotz der paar Szenen, wo Kinder zwischen den Kleidern, die dort aufgehängt sind, und Großmutters alten Koffern Verstecken spielen. Die Vergewaltigung in Lars Saabye Christensens Roman *Der Halbbruder* findet auf einem Dachboden statt.

Sogar unter unseren Bekannten erzählt man sich traurige Geschichten von Kellern. Eine Bekannte hatte mit ihrem Freund Schluss gemacht. Zwei Monate später zog ihr Exfreund in den Keller des Hauses ein, in dem sie wohnte. Einerseits musste sie sich jetzt nicht mehr mit der Frage quälen, ob es klug war, mit ihm Schluss zu machen. Eine unangenehme Überraschung war es aber trotzdem.

Auch in den Nachrichten: nur Schlechtes über den Keller. Sag »Fritzl«, und allen Umstehenden wird es kalt über den Rücken laufen. Das globale Entsetzen hat allerdings nicht verhindert, dass das Haus mit dem Keller, in dem Fritzl seine Tochter und ihr gemeinsames Kind vierundzwanzig Jahre gefangen hielt, zu einer Touristenattraktion geworden ist. So sind die Menschen.

Auch in der Bibel passiert im Keller nichts Gutes. Im Buch der Richter wird beschrieben, wie Abimelech – der rücksichtslose, illegitime Sohn des Gideon, des Stammvaters aller Hotelbibeln – ein Feuer in einem Kellerraum in Sichem entfacht. So macht er kurzen Prozess mit Tausenden seiner Feinde, die sich unklugerweise dort unten versammelt haben. Jeremia wird im Land Benjamin in einen Keller gesperrt, man beschuldigte ihn der Spionage für die Chaldäer.

Merkwürdigerweise gibt es kein eigenes Wort für die übertriebene Furcht vor dem Keller.[4] Aber alle kennen diese Angst. Sogar furchtlose Menschen überkommt ein mulmiges Gefühl, wenn sie eine Kellertreppe hinuntergehen.

Auch in den Räumen, die nicht zum Wohnbereich gehören, gibt es Leben. Im Keller trifft man auf Ratten, Mäuse, Ameisen, Termiten oder exotische Pilzkulturen. Auf dem Dachboden gibt es Vögel, Wespen oder Fledermäuse. Die Natur verabscheut das Vakuum, liebt aber ganz einfach Orte ohne Menschen. In seinem Buch *The Anatomy of Disgust* beschreibt der Autor

[4] Wenn es einen Befund gäbe, würde er »Pitheonophobie« lauten (wenn der Begriff vom altgriechischen Wort für Keller abgeleitet werden soll) oder »Fundamentophobie« (wenn jemand Latein vorzieht). Aber das eine hört sich an wie ein morbides Entsetzen vor einer Riesenschlange, das andere wie die Angst vor Fundamentalisten.

William Ian Miller, dass das, was dem Inneren des menschlichen Körpers am ähnlichsten ist, das allergrößte Unbehagen hervorruft. Weiches, Halbfeuchtes und Schleimiges erzeugt größeren Abscheu als Hartes, Trockenes oder Nasses. Miller, der normalerweise Jurastudenten über isländische Sagas unterrichtet (irgendjemand muss schließlich auch diesen Job erledigen), weist in seinem Buch auch nach, dass die Körpertemperatur mehr Ekel erregt als jede andere.

Keller und Dachböden können beunruhigend viele dieser Dinge aufweisen. Natürlich wäre es dort unten gemütlicher, wenn jemand aufgeräumt hätte, aber Aufräumen erfordert, dass man sich dort aufhält. Da ist es einfacher, die Zähne zusammenzubeißen und sein Vorhaben rasch hinter sich zu bringen.

Proverbs Chap:VI.Ve:26.
the Adulterers will hunt for
the precious life.

Nichts Gutes aus dem Keller »Der faule Lehrling wird von seiner Hure verraten und mitsamt seinen Verschworenen in einer Kellerkaschemme festgenommen.« Der faule Lehrling, der auch ein Mörder und Dieb ist, untersucht seine Beute und wird gleichzeitig von der Frau bei der Polizei angezeigt (links im Bild). Die Radierung ist ein Teil der Serie »Industry and Idleness« von William Hogarth, erschienen 1747. Die Blätter folgen zwei Lehrlingen, von denen der eine faul, der andere fleißig ist. Der Fleißige erreicht ständig neue Höhen, der Faule hingegen sinkt immer tiefer.

DER
KELLER
UND
DIE FRAU

Frauen können durchaus Interesse an Kellern haben. Frauen sind – zur Verwunderung (in die sich Verachtung und Erschrecken mischt) und Freude der Männer – interessiert an den Dingen, die Männer tun, und diesen gegenüber wohlwollend eingestellt.

Man könnte meinen, dass ein begehbarer Kleiderschrank die weibliche Antwort auf den Keller ist: Aufbewahrung von Gegenständen und oft genug kein Fenster. Bei Ikea werden Keller-Elemente (Regalsystem Gorm) und Systeme zur Aufbewahrung von Kleidern und Schuhen (Schuhschrank Trones) in derselben Abteilung verkauft. Doch wo der Keller zwingend ist, ist der begehbare Kleiderschrank nur eine luxuriöse Erweiterung des gewöhnlichen Kleiderschranks.

Der Nähmaschinentisch lässt sich zweifellos mit der Werkbank vergleichen, steht aber meist im Wohn- oder Schlafzimmer. Nähen macht nämlich weniger Dreck als so ziemlich alles, was an einer Werkbank passiert. Und die Frauen hatten so auch die Kinder oder den Topf auf dem Herd besser im Blick.

Aber zwischen Schminktisch und Werkbank gibt es Parallelen. Beides ein Ort der intensiven, einsamen Kontemplation, ein Ort bizarrer Rituale und interessanter Gerüche. Allerdings haben die wenigen Schminktische, die heute noch verkauft werden, bei weitem nicht mehr die gleiche Tiefe wie früher. Um noch einmal Ikea zu bemühen: Malm und Hemnes sind einundvierzig beziehungsweise fünfzig Zentimeter tief. Die Jugendstil-Variante meiner Großmutter aus Fauske war neunzig Zentimeter tief und hatte – im Gegensatz zu den heutigen Modellen – drei Spiegel und unendlich viele Schubladen und Ablagen. Ein Schminktisch war einmal ein Möbelstück, das man mit größter Selbstverständlichkeit aufstellte. Jetzt sollen die Frauen plötzlich ohne einen Schminktisch auskommen. Auch der Sekretär gehört der Vergangenheit an. Wir sind wohlhabender als früher und unsere Häuser größer als früher, und doch haben wir es so eingerichtet, dass wir uns im Stehen schminken, Rechnungen am Küchentisch öffnen und an Freunde und die Familie schreiben, während wir im Supermarkt an der Kasse stehen.

Die Zeiten sind vorbei, als sich noch jemand daran störte, dass eine Frau zu Hause in die Domäne des Mannes eindringt. Dennoch führen einige geschlechtsspezifische Unterschiede auch weiterhin ihr Eigenleben. Wenn ein Mann die Unterwäsche seiner Frau faltet und sie fein säuberlich im Schrank stapelt, wird sie es doch eher als Kritik an ihrem mangelnden Ordnungssinn begreifen. Und wenn die Frau sich auf die Suche nach einem Drillbohrer macht, um im Haus eine Brandschutzvorrichtung zu installieren, wird ihn das an seine eigene Unfähigkeit erinnern.

Vielleicht können solche Geschlechterrollen irgendwann einmal überwunden werden. Aber ehrlich gesagt sieht es nicht danach aus, als ob wir Norweger es sonderlich eilig damit hätten.

DER
WACHS
KELLER

Mit dem Skilaufen ist es wie mit allen anderen Dingen: Je besser man wird, desto mehr muss man tun, um noch ein bisschen besser zu werden. Und wenn man ein überdurchschnittlich guter Skiläufer ist, sind es oft Kleinigkeiten, die darüber entscheiden, ob man eine Ski-Tour als gelungen bezeichnen kann oder nicht. Ein Glas zu viel am Abend zuvor, ein vages Gefühl von Halsschmerzen – alles kann eine Rolle spielen. Viele Menschen verspüren bei der Überwindung eigener Grenzen eine gewisse Befriedigung und sind dann auch zu gewissen Opfern bereit.

Ich hatte lange eine Schwäche für das blaue Swix. Benutzte jede Menge davon, wenn es kalt war. Vermutlich nähre ich auch eine gewisse Skepsis gegenüber der Fähigkeit des Wachses, wirklich in den Belag einzudringen, der aus Polyethylen mit ultrahoher molekularer Densität hergestellt und in Laboratorien entwickelt wurde, gerade um alles Mögliche zu absorbieren. In dieser Frage werde ich von einem Professor aus Kasachstan unterstützt, über den ich mal gelesen habe. Wenn man nicht an Dinge glaubt, die man zufällig in der Zeitung liest und die die eigenen Vorurteile bestätigen, woran soll man denn dann glauben?

Aber so leichtsinnig ist mittlerweile niemand mehr, der sich mit einer bestimmten Sache eingehender beschäftigt hat. Nur können sich auch Experten richtig gründlich irren, was man schon an der wiederholten Lancierung von ovalen Zahnrädern durch die Fahrradindustrie sehen kann, einer Revolution, an die man jedes Mal wieder von neuem glaubt. Dennoch gilt die Faustregel, dass jemand, der einem auf einem Gebiet überlegen ist, meist auch Recht hat.

Für gute Skiläufer ist dieser Fakt wichtiger als für weniger gute Läufer. Ob wir Norweger inzwischen besser Ski laufen, weiß ich nicht, aber der Verkauf an Ski-Ausrüstung deutet darauf hin, dass wir in diesen Sport jetzt mehr investieren. Die Zeitung *Dagens Næringsliv*, die sich eher an Besserverdienende als an die Angehörigen der Niedrigpreislohngruppen wendet, fand den Skimarathon Birkebeiner 2007 drei Einträge und 2011 bereits einhundertsiebzehn Einträge wert. In der gleichen Zeitspanne fiel die Anzahl der Hinweise auf Golf von einhundertzwei auf einundvierzig.

2010 wurden in Norwegen eine halbe Million Skier verkauft, in absoluten Zahlen mehr als in jedem anderen Land – abgesehen von Russland.

Es ist daher also durchaus überraschend, dass das Wort »smørebu«, also »Schmier- oder Wachsbude«, zum ersten Mal 1943 in der Zeitung *Aftenposten* auftauchte und danach bis 1988 nicht ein einziges Mal wieder vorkam. Das konservativere »smørebod« oder der »Wachskeller« tauchte 1990 zum ersten Mal auf. Erst seit 2010 liest man in norwegischen Zeitungen regelmäßig von »smørebod« oder »smørebu«.

Der Ausdruck »Smørebukk« (»Schmierbock«) wurde zum ersten Mal 1965 in der norwegischen Zeitung *VG* verwendet, allerdings ging es in dem wütenden Artikel um das sinkende Serviceniveau an norwegischen Tankstellen. Erst Mitte der 2000er Jahre wurde das Wort mit Skilaufen in Zusammenhang gebracht, dann allerdings mit einer gewissen Regelmäßigkeit.

Alles deutet darauf hin, dass die Idee eines privaten Wachskellers ganz neuen Datums ist. Dennoch taucht in diesem Moment, da ich dieses Kapitel schreibe, »Wachskeller« in einundvierzig verschiedenen Immobilienanzeigen auf, nahezu ebenso häufig wie »Jacuzzi«.

In den meisten Fällen hat der Wachskeller vermutlich mehrere Funktionen gleichzeitig, und wenn er nur ganz allgemein als Lagerraum für Sportgeräte genutzt wird. Das Stativ zum

Wachsen der Skier ist daher auch konsequent so konstruiert, dass es sich zusammenlegen lässt und nach der Ski-Saison verstaut werden kann. Und das Wachs wird oft in Plastikkoffern verkauft, verbunden mit dem Versprechen, dass die ganze Ferkelei sich leicht beseitigen lässt.

Für alle, die ernsthaft über einen Wachskeller nachdenken, ist es jedoch eine Überlegung wert, welchen Raum oder welche Kellerecke sie dafür nutzen wollen. Man muss vor allem gut lüften können. So gesundheitsfördernd Skilaufen sein mag, von dem, was man unter die Ski schmiert, lässt sich das bestimmt nicht sagen – zumindest, wenn man es einatmet.

Es sagt etwas über das Land Norwegen aus, wenn das staatliche Institut für Arbeitsbedingungen einen langen Bericht mit dem Titel »Die Arbeitsbedingungen professioneller Ski-Wachser« vorlegt. Eine wesentliche Passage daraus lautet: »Die Resultate der Evaluierung von speziell angepassten Ventilationsmaßnahmen in Wachsfahrzeugen für die Biathlon-Nationalmannschaft zeigt, dass speziell konstruierte und der Arbeit angepasste Absauge-Vorrichtungen effektiver sind als die generelle Ventilation. Dies gilt besonders für die Ventilation geringster Partikel.«

Wenn Sie also Ihre Skier im Haus und auf professionelle Art und Weise wachsen, nützt es gar nichts, nur das Fenster zu öffnen oder in der Küche die Dunstabzugshaube einzuschalten.

DINGE, DIE IN EINEM WACHSKELLER SEIN MÜSSEN

Der Weg vom Wachskeller ins Freie muss so kurz wie möglich sein. Wenn es eine Ewigkeit dauert, bis wir zu unserem Wachsklotz und unserer Ausrüstung kommen, werden wir uns beim nächsten Mal überlegen, ob der Gang dorthin die Mühe wert ist. Es ist weniger die Erinnerung an die anstrengende Tour, die dich am nächsten Wochenende zögern lässt, sondern die Erinnerung daran, dass es so lange dauert, bis man vor der Tür steht. Für den Amateur, der sich sagt: »Eigentlich sollte ich häufiger hinausgehen«, ist es im Grunde nur eine Frage der Planung, es geht hier nicht um grundlegendes moralisches Versagen.❺

DINGE, DIE MAN ZUM WACHSEN BENÖTIGT

Sie brauchen eine grundlegende Auswahl an Wachssorten in den Farben Blau, Violett und Rot. Eine Tube Klister ist immer nützlich. Wenn Sie nicht genau wissen, was Glider oder Pulver ist (und finden, beides hört sich an wie Euphemismen für illegale narkotische Stoffe), kann ich Sie beruhigen, Sie müssen es nicht wissen.

❺ Wir sind keine guten Skiläufer und halten daher auch die Klappe, wenn es um Technik und Tempo geht. In Norwegen sind es ohnehin fast nur die Hunde, die diese Fähigkeiten haben. Mit einem Hund Ski zu laufen, ist allerdings ein zu komplexes Thema, um es hier abzuhandeln, nur so viel: Laufen Sie dort, wo andere nicht laufen. In befahrenen Loipen treffen Sie dumme Menschen und dumme Hunde, und vielleicht sind Sie ja auch nicht die hellste Kerze am Baum. Eliminieren Sie die Probleme, bevor sie auftreten.

WACHSUTENSILIEN

Hört sich ebenfalls an, als ginge es um das Besteck von Drogenabhängigen, gemeint sind aber so einfache Dinge wie Reinigungsmittel, Papier und Wachsklotz.

ANDERE AUSRÜSTUNGSGEGENSTÄNDE FÜRS SKILAUFEN

In den Jahren, in denen ich tatsächlich viel Ski gelaufen bin, hatte ich immer alles, was mit dem Skilaufen zu tun hatte, an einem Ort. Da so wenig Zeit zwischen den einzelnen Touren verging, kam ich gar nicht dazu, das System durcheinanderzubringen. Der Anorak und die Skihose hingen an der Trockenschnur zusammen mit der Mütze, den Fäustlingen (Fingerhandschuhe sind nichts für mich) und dem Schal (Halstücher sind nur für den Stadtgebrauch). Es war fantastisch. Wenn mir einfiel, dass ich Ski laufen könnte, dauerte es nur zwei Minuten, bis ich im Freien war.

Auswahl Einer, der um Sekunden kämpft, braucht eine große Auswahl an Skiwachs. Wer aber lieber eine halbe Stunde Krapfen isst und Kaffee trinkt, braucht nicht so viele Wachssorten.

DER
FAHRRAD
KELLER

Fahrräder werden von ein paar einzigartigen Naturgesetzen beeinflusst und unterliegen ganz eigenen ökonomischen Spielregeln. Zum Beispiel wiegt ein Fahrrad in der Praxis immer zwanzig Kilo. Wer ein acht Kilogramm schweres Fahrrad hat, braucht ein zwölf Kilogramm schweres Schloss. Wer ein altes, schweres Ding hat, braucht nur ein kleines Stahlseilschloss.

Während man bei den großen Ketten im Handumdrehen ein Fahrrad für knapp € 300,– erwerben kann, kann ein einzelnes Rad gut und gern genauso viel kosten. Natürlich ist das teure einzelne Rad besser als die Räder an dem billigen Fahrrad. Aber kauft man ein paar Stahlseile und Kabel, Schläuche, zwei Pedalen und ein Paar Fahrraddecken, kommt man schnell auf die Summe, die man für das billige Fahrrad ausgegeben hat.

Ein Grund dafür mag sein, dass die meisten Fahrräder samt Zubehör in Billiglohnländern produziert werden. Sie werden dann, wie zum Beispiel bei uns in Norwegen, mit hohen Kosten gelagert, katalogisiert, beworben und verkauft. Und schließlich werden Kabel, Lenker, Gepäckträger und Speichen, in Taiwan oder Vietnam billig produziert, teuer verkauft.

Die Preispolitik für Ersatzteile und Zubehör ist keine Verschwörung, um die Menschen daran zu hindern, ihre Fahrräder zu reparieren oder zu optimieren, selbst wenn es so aussehen mag. Es ist die Konsequenz der stromlinienförmigen Produktion von Fahrrädern, die zu extrem niedrigen Preisen an Großhändler verkauft werden.

Allerdings beklagen einige Radfahrer die hohen Preise für Ersatzteile seit langem. Dies belegt ein Gedicht, das 1896 in einer amerikanischen Zeitung gedruckt wurde (der Ausdruck »wheel« bedeutet in diesem Zusammenhang »Fahrrad«):

Hey diddle, diddle,
The bycycle riddle –
The strangest part of the deal.
Just keep your accounts
And add the amounts,
The »sundries« cost more than the wheel.

Während der Verkauf von Fahrrädern zunimmt (in Norwegen liegt er bei vierhundert Fahrrädern im Jahr), sind Fahrradwerkstätten rar geworden. Ohne terminliche Absprache – wie beim Arzt – geht hier gar nichts.

Wer einen geräumigen Fahrradkeller besitzt, kann sich glücklich schätzen. Das Fahrrad steht im Trockenen und hält dadurch länger. Statt im Regen auf den Knien zu hocken, und geregnet hat es nach meiner Erinnerung immer, wenn man sein Fahrrad reparieren wollte, kann man das im Schutz des Kellers tun. Hat man ein wenig Platz im Keller, kann man sich auch der Schrotträder anderer Leute annehmen. Die Fahrradrahmen alter Räder lassen sich allerdings nur ausnahmsweise noch einmal verwenden, und nur die sparsamsten Zeitgenossen kommen auf die Idee, die alten Kabel und Stahlseile noch einmal zum Einsatz zu bringen. Aber Gangschaltung, Gangschaltungskomponenten, Lenker, Bremshebel, Sättel, Sattelstangen und Räder, davon kann man nie genug haben. Einige dieser Teile, wie Sättel oder Vorderräder, fallen gern ganz besonders üblen Menschen, die anderer Leute Sachen stehlen, zum Opfer. Wer über einen Fahrradkeller und Werkzeug verfügt, wird sich gern damit brüsten, auch die Räder anderer Leute zu reparieren.

In größeren Wohnblocks steht häufig nur ein gemeinsamer Fahrradkeller oder Unterstand zur Verfügung, der zumindest ein Mindestmaß an Schutz vor den Elementen bietet. Häufig bestehen diese Unterstände nur aus einem Dach, vermutlich will man verhindern, dass der Fahrradunterstand als zwischenzeitlicher Wohnort für Obdachlose zu attraktiv wird.

Gemeinsame Fahrradkeller sind allerdings auch der Ort, an dem viele Fahrräder sterben. Die Menschen ziehen um oder vergessen ganz einfach ihre alte Mühle. Selbstverständlich sind diese Räder mit den größten und raffiniertesten Schlössern gesichert, die die Menschheit kennt, und der Hausmeister der Anlage hofft natürlich inständig, dass jemand sich an diese Räder erinnert, den Schlüssel findet und Platz macht für die Fahrräder der neu eingezogenen Hausbewohner. Das passiert allerdings so gut wie nie, und so hofft man, dass beim Frühjahrsputz jemand eine Zange dabeihat, die groß genug ist, um kurzen Prozess zu machen.

In manchen Fahrradgeschäften kann man speziell zugeschnittene Abdeckhauben für sein Fahrrad kaufen. Optimisten hoffen, dass sie dem Fahrrad, wenn es schon draußen stehen muss, im Winter Schutz bieten. Solche Abdeckhauben machen allerdings nur in einem geschlossenen Raum Sinn, da halten sie den Staub ab. Im Freien sind sie schon nach wenigen Tagen zerrissen. Autohäuser und Motorradfachgeschäfte verkaufen inzwischen Abdeckhauben für Motorräder und Roller, die harten Bedingungen standhalten.

DINGE, DIE IN EINEM FAHRRADKELLER SEIN MÜSSEN

Fahrradöl, Lappen und Flickzeug verstehen sich von selbst. Hier noch ein paar andere Dinge:

MONTAGESTÄNDER

- Sie haben einen Platten.
- Sie müssen die Kette fetten.
- Sie müssen irgendetwas an Ihr Fahrrad montieren.

Für all diese Zwecke ist ein Montageständer unendlich besser, als das Vorderrad zwischen den Beinen zu halten oder das Fahrrad umzudrehen und zu versuchen, es auf Sattel und Lenker im Gleichgewicht zu halten.

FAHRRADSCHLÄUCHE

Der meistverwendete Fahrradschlauch in Norwegen hat die Größe 26 × 1.75-26 × 2.25 Zoll – oder »offroad«, wie die Norweger gern sagen. Wenn Sie kein 26er-Fahrrad mit dieser Reifengröße haben, sind Sie ein ziemliches Original.

Wenn Sie die richtige Größe gefunden haben, fangen Sie an zu hamstern wie die Hausfrauen während der Ölkrise 1973.[6]

Ich bevorzuge die Schlauchvariante mit Autoventilen (auf der Verpa-

[6] 1973 kam es in mehreren Ländern zu einem Mangel an Toilettenpapier. Es kursierte das Gerücht, dass Toilettenpapier völlig ausgehen könnte. Dieses Phänomen wurde das »Thomas-Theorem« genannt, das zuerst von dem Soziologen W. I. Thomas formuliert wurde: »Wenn die Menschen Situationen als wirklich definieren, sind sie in ihren Konsequenzen wirklich.« Die Gefahr, dass eine derartige Situation für Fahrradschläuche mit 26 × 1.75-2.25 Zoll entsteht, ist gering. Es werden ausreichende Mengen hergestellt. Der Flaschenhals ist allenfalls der Einzelhandel.

ckung steht meist »Auto« oder »Moto«), aber man muss darauf achten, dass das Loch in der Fahrradfelge für das Ventil groß genug ist.

STANDPUMPE

Nahezu alle Handpumpen, die man in Sportartikelgeschäften kaufen kann, sind reiner Schwindel. Niemand kann mit so etwas einen Reifen mit zufriedenstellendem Druck aufpumpen. Das ergonomische Design ist schlecht und das Mundstück lässt sich häufig nur schwer am Ventil befestigen. Die besten dieser Pumpen helfen einem aus einer Krisensituation, wenn man unterwegs ist, mehr aber nicht.

Es ist schwierig, den qualitativen Unterschied von Standpumpen zu erkennen, trotz hoher Preisunterschiede. Die billigsten Modelle sind jedoch immer noch besser als die meisten Handpumpen.

Viele Radfahrer gehen davon aus, dass bei niedrigem Luftdruck die Dämpfung besser ist. Dies gilt aber nur bis zu einem gewissen Punkt, denn normalerweise spüren die Leute den erhöhten Luftdruck gar nicht. Mit zu niedrigem Luftdruck in den Reifen stoßen die Felgen an die Bordsteinkante und ähnliche Hindernisse, und dies hat keinen dämpfenden Effekt. Schon *etwas* zusätzliche Luft in die Reifen – und man fährt schneller und leichter.

MEHRERE VARIANTEN VON SCHRAUBENSCHLÜSSELN

Schraubenschlüssel sind wirklich sehr nützlich.

Kaufen Sie Schlüssel in mehreren Größen. Es gibt sie in verschiedenen Varianten. Einige sind L-förmig, andere Teil eines »Multifunktionswerkzeugs«. Ein Multifunktionswerkzeug ist praktisch auf Reisen, aber bei den billigsten Varianten sind die einzelnen Werkzeuge und Tools oft nicht fest genug verankert, wenn sie ausgeklappt werden, und das ist enorm lästig.

Erstaunlich oft passiert es, dass sich der Schraubenschlüssel nicht richtig ansetzen lässt, weil man die falsche Größe erwischt hat. Das fast korrekte Werkzeug in der Hand zu haben ist viel gefährlicher für den Blutdruck, als ganz ohne Werkzeug dazustehen.

Und jeder verliert früher oder später den 6-mm-Schraubenschlüssel.

SPEICHENSPANNER

Dieses kleine billige Werkzeug wird zum Spannen der Speichen verwendet. Ein Speichenspanner kostet nicht viel, es erfordert aber ein bisschen Routine, bis man ihn richtig einsetzt.

Fährt man mit der Hand prüfend am Rad entlang, fällt einem vielleicht auf, dass eine Speiche lockerer sitzt als die anderen. Dies wird sehr schnell dazu führen, dass sich das Vorder- oder das Hinterrad verzieht. Die Felgen schleifen an den Bremsklötzen (wenn das Rad Felgenbremsen hat), die Bremsen funktionieren nicht mehr optimal. Einen Engländer kann man für die Speichennippel nicht benutzen, man würde sie damit kaputtmachen.

Aber lesen Sie (am besten im Internet) vorher eine Anleitung über das Spannen von Speichen, bevor Sie damit beginnen, denn bei dieser diffizilen Arbeit können Sie sich nicht auf reine Intuition verlassen.

UMWERFER (BEI RÄDERN MIT SCHALTUNG)

Beim Umwerfer handelt es sich um das kleine Aluminiumteil, an dem die Schaltung am Hinterrad hängt. Das separate Teil ist nicht mit dem Rahmen verbunden, weil es ständig kaputtgeht und man nicht bei jeder Reparatur das ganze Rad auseinanderbauen will. Wenn jemand sagt, die Schaltung ist kaputt, ist es häufig der Umwerfer. Ihn auszutauschen ist kein Hexenwerk.

Allerdings gibt es Hunderte verschiedene Varianten, man kann also nicht einfach in einen Laden gehen und mit einer ungefähren Beschreibung des Umwerfers kommen, den man benötigt. Nicht einmal die Erwähnung von Fahrradmarke und Modell hilft weiter. Nehmen Sie das Fahrrad oder den kaputten Umwerfer mit und kaufen Sie einen als Reserve.

Bei der Gelegenheit gleich ein zusätzliches Ersatzteil zu kaufen ist eine gute Idee, egal welches. Auch wenn man meinen sollte, dass bestimmte Fahrradteile standardisiert sein müssten, ist es nicht so. Ein Pessimist wird auf diesem Gebiet häufiger positiv überrascht als ein Optimist.

DINGE, DIE NICHT IN EINEN FAHRRADKELLER GEHÖREN

HOCHDRUCKREINIGER
Egal, wie dreckig das Fahrrad ist. Durch einen Hochdruckreiniger gerät Wasser in die Kugellager und an andere Stellen, an denen es nur schadet.

WD-40 ODER CARAMBA
Rostlöser und Korrosionsschutz gehören normalerweise in jede Werkstatt. Sie schützen vor Rost und können erstaunlich viele Probleme lösen. Bei Fahrradgetrieben aber sind sie tabu.

WIE MAN ES EINEM DIEB EIN BISSCHEN SCHWERER MACHT

NEUE SCHNELLSPANNER AN DEN REIFEN

Bei Fahrrädern mit Kettenschaltung können die Räder leicht ohne irgendwelches Werkzeug ausgebaut werden. Dies ist ausgesprochen praktisch, nicht nur für Sie, sondern auch für den Dieb. Es gibt Schnellspanner zu kaufen, für die man ein besonderes Werkzeug braucht, um die Räder auszubauen. Das setzt allerdings voraus, dass man einen aufgeräumten Fahrradkeller hat und dieses Werkzeug schnell findet. Für Fahrräder mit Nabenschaltung braucht man einen Schraubenschlüssel oder Engländer, um die Räder zu lösen. Sie sind auf dem Markt, für den Diebe operieren, generell weniger gefragt.

HAUSGEMACHTES SATTELSCHLOSS

Wenn sich die Räder partout nicht ausbauen lassen, wird ein Dieb zur Strafe den Sattel mitnehmen. Da hilft es, wenn man Sattel und Rahmen mit einer alten Fahrradkette verbindet. Damit die Kette keinen Lärm verursacht, wenn sie gegen den Rahmen schlägt, kann man sie in einen alten Fahrradschlauch stecken. Eine Fahrradkette ist schwierig durchzuschneiden, und selten laufen die Diebe mit einem Bolzenschneider herum. Jetzt könnte allerdings der Fall eintreten, dass das Fahrrad der Wut des Diebes zum Opfer fällt und einfach zerstört wird.

FAHRRADKÖRBE

Hängen Sie keine Plastiktüten an die Lenkstange. Kein Autofahrer hängt Tüten an die Außenspiegel, denn er war clever genug, sich ein Auto mit Kofferraum zu kaufen. Kein Grund, dass Radfahrer dieses Prinzip nicht übernehmen. Aber Fahrradtaschen sind häufig attraktiv für Diebe. Diebe lieben Dinge, in denen sie andere Dinge wegtragen können. Rucksäcke, Taschen und Tüten. Drahtkörbe, die auf dem Gepäckträger befestigt sind, haben einige Vorteile gegenüber Fahrradtaschen, da niemand sie stehlen will. Sie halten am besten mit Kabelbindern. Fahrradtaschen sind gut für größere Ausflüge, aber lästig, wenn man das Rad für die tägliche Einkaufstour benutzt, weil sie jedes Mal wieder aus- und eingehängt und in die Geschäfte mitgeschleppt werden müssen. In einem Korb lassen sich Einkaufstüten bequem verstauen. Ein Korb an der Lenkstange ist variabler als ein Korb auf dem Gepäckträger, aber für einen ordentlichen Einkauf nicht wirklich zu gebrauchen.

EINEN
SCHUPPEN
BAUEN

*Wenn du nicht die Zeit hattest, es beim ersten Mal richtig
zu machen ... Wie kommt es, dass du jetzt die Zeit hast, es
zu reparieren?*
(Spruchband in einem Baumarkt in Seattle, Washington)

Eigentlich ist die Behauptung übertrieben, dass etwas
zu bauen ein handfesteres und sichtbareres Resultat liefert als
Büroarbeit. Wenn jemand in einem Büro einem Arbeitslosen
zu einem Job verhilft, neue Dienstanweisungen für ein Kran-
kenhaus verfasst oder den Vertrag für die Entwicklung eines
neuen Typs von Pumpe für die Ölindustrie unterzeichnet, hat
er ebenfalls etwas sehr Handfestes und Sichtbares getan.

Aber der *Prozess* bis dahin unterscheidet sich erheblich.
Der Übergang von einem Entwurf zu blutigem Ernst ist sehr
viel dramatischer, wenn man baut. An einem Entwurf für einen Vertrag kann man immer wieder feilen. Aber wenn man
baut, muss man vom ersten Moment an ordentliches Material
verwenden. Pfusch in einer frühen Phase kann hinterher unmöglich korrigiert werden. Wer zum ersten Mal etwas in einer
gewissen Größe baut, muss daher tief Luft holen und voll und
ganz dahinterstehen.

Wenn jemand einen Fahrradunterstand oder einen Werk-
zeugschuppen baut, heißt das nicht, dass er keinen Respekt
vor den Fachkenntnissen eines Schreiners oder Zimmer-
manns hat. Allerdings haben die Handwerker in ihrer Ausbil-
dung etwas über Isolierungen gelernt oder wie man am bes-

ten Wasserschäden vorbeugt, sie sind nicht jahrelang auf die Schule gegangen, um zu lernen, wie man mit einem Hammer umgeht. Samurais und Sushi-Köche brauchen vielleicht Jahre, um zu lernen, wie sie ihr Werkzeug anzuwenden haben, nicht aber unsere norwegischen Handwerker.

Haben Sie erst einmal etwas gebaut, was man ein Bauwerk nennen kann, werden Sie nie wieder gleichgültig ein Haus betrachten. Sie werden Details feststellen, die Sie früher nie gesehen haben. Ihr Leben wird sich verändern.

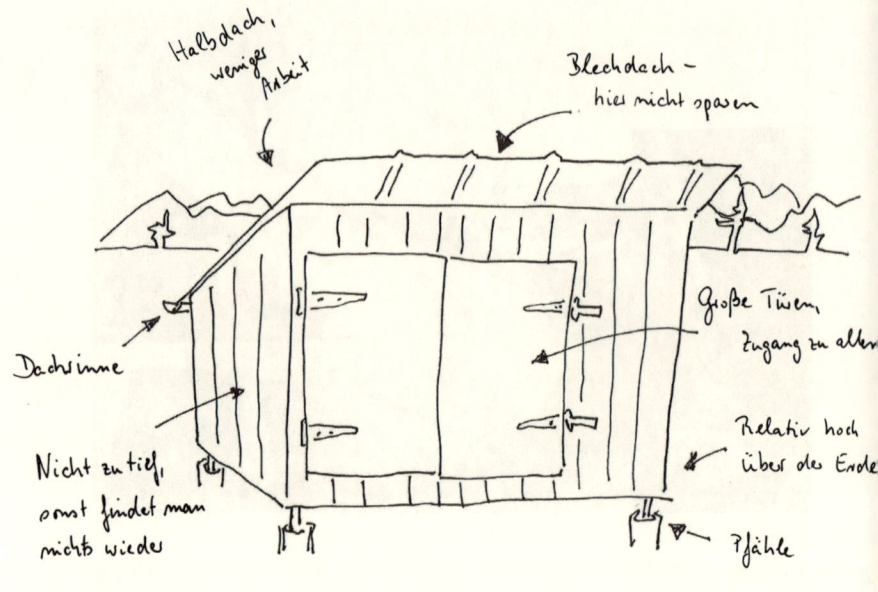

Halbdach, weniges Arbeit

Blechdach – hier nicht sparen

Dachrinne

Große Türen, Zugang zu allem

Relativ hoch über der Erde

Nicht zu tief, sonst findet man nichts wieder

Pfähle

Nüchterne Träume   Notiert aus Frustration, nachdem ich einige Fehler gemacht hatte, die ich ungern wiederholen möchte.

Kommentare:

◉ Je höher ein Gebäude in Norwegen über dem Boden steht, desto besser. Sonst wird es darunter nie trocken. Außerdem lassen sich bei Schnee niedrig angebrachte Türen nur schwer öffnen. Erst wenn man selbst etwas gebaut hat, fällt einem auf, dass Türen an norwegischen Häusern häufig sehr hoch angebracht sind.

◉ Eine Grundmauer ist nicht nötig, es sei denn, wir wollen hoch hinaus. Man kann einfach einige Leca-Blöcke übereinanderstapeln und darauf bauen (wir reden hier schließlich nicht über den Taj Mahal). Allerdings können die Blähton-Blöcke aufgrund von Bodenfrost nachgeben, wenn der Boden sich verwirft, dann werden sich die Türen plötzlich nicht mehr öffnen lassen. Kann man den Boden aufgraben, ist kein Fundament nötig, in der Vertiefung im Boden kann sich die Feuchtigkeit sammeln, die man sonst nicht loswürde, ohne eine Menge Energie für eine Drainage aufzuwenden.

◉ Ein guter Verschlag sollte möglichst nicht zu viel Tiefe haben, sonst erliegt man der Versuchung, ihn so vollzustopfen, dass man nicht mehr an das herankommt, was hinten liegt.

◉ Je größer, desto besser. Dadurch wird es sehr viel einfacher, Dinge herauszuholen oder hineinzustellen. Große Türen kann man bei schönem Wetter auch weit öffnen und Sonne und Licht hereinlassen.

◉ Ein Halbdach aus Blech wirkt vielleicht ein bisschen armselig, aber hundert Millionen Slumbewohner können nicht irren – es ist die einfachste Methode, den Verschlag mit einem dichten Dach zu versehen.

WIE BAUT MAN ETWAS SO EINFACH WIE MÖGLICH?

QUADRATISCHE GRUNDFLÄCHE
Je weniger Winkel, desto weniger Mathematik. Umso weniger kann schiefgehen.

NICHT ISOLIEREN
Isoliermasse und Feuchtigkeitsblocker einzusetzen ist kein Hokuspokus. Dafür hat man später vielleicht mehr Ärger mit Feuchtigkeit und Schimmel.

HALBDACH STATT SATTELDACH
Das Dach soll also abfallen wie ein altes Schulpult und keinen Dachfirst haben wie ein spitz zulaufendes Satteldach. Vereinfacht die gesamte Dachkonstruktion sehr.

KEINE FENSTER, ABER EVENTUELL KLAPPEN
Wenn Sie Fenster einbauen wollen, müssen Sie eine Anleitung lesen, wie man so etwas macht. Braucht man nicht unbedingt Fenster, müssen Sie nicht lange rumtüfteln und sind schneller fertig.

DIE FAUSTREGEL DER ANFÄNGER: DIE SKELETT-METAPHER
Unser Oberschenkelknochen liegt direkt über der Kniescheibe, die wiederum direkt über dem Wadenbein sitzt. So müssen beim Bauen alle Balken sitzen, das Gewicht muss sich in einer geraden Linie nach unten verlagern.

Viereckig denken Nachdem der Autor seine Variante des Satzes des Pythagoras ausprobiert hatte, mussten hier Querhölzer zur vorübergehenden Versteifung der Wände angebracht werden.

DER BAU EINES FREISTEHENDEN SCHUPPENS – EIN GUIDE FÜR HILFLOSE TROTTEL

Einige Menschen können ganz einfach bauen. Andere müssen es von Grund auf lernen und machen dabei eine Menge Fehler, weil sie von etwas ganz anderem träumten, als sie anfingen.

Das Gefühl, einen Raum zu betreten, den man selbst gebaut hat, ist unbeschreiblich. Der finnische Autor und Schreiner Arto Paasilinna sagt, dass man erst ein Mann ist, wenn man ein Haus gebaut hat. Nachdem ich es selbst getan habe, muss ich beinahe pathetisch sagen, dass ich vollkommen einer Meinung mit ihm bin.

In diesem Buch senken wir die Ansprüche ein wenig. Ein ganzes Haus, mein Gott, das muss man sich auch leisten können, und die meisten von uns haben die Mittel eher nicht. Aber egal, was Sie auch angehen, es lohnt sich immer, etwas mit seinen eigenen Händen zu bauen. Interessiert es irgendjemanden, ob man einen Schuppen braucht? Bauen Sie ihn für Ihren Seelenfrieden. Irgendeine Verwendung werden Sie schon dafür haben.

Nahezu alle Bücher und Internetseiten über das Bauen von Häusern und Hütten gehen von einem Leser aus, der klüger ist, als ich es in meiner Anfangsphase gewesen bin. Hier sind daher einige generelle Tipps für diejenigen unter uns, die absolut bei null anfangen. Vorausgesetzt, Sie bauen etwas Selbstentworfenes, es geht nicht darum, einen Bausatz aus irgendeinem Baumarkt zusammenzusetzen. Selbst bauen ist nicht billiger, als etwas Fertiges zu kaufen, aber es ist amüsanter und lehrreicher. Und bleibt man während des Bauprozesses nüchtern, zumindest teilweise, wird das Ergebnis auch sehr viel besser aussehen.

DEN HAMMER NIE WEITER ALS EINE SCHWANZLÄNGE VOM KÖRPER WEGLEGEN

Es ist einfach unglaublich, wie schnell ein Hammer verschwinden kann. Der Hammer sollte sich daher nirgendwo sonst als genau dort befinden, wo Sie sind. Es hilft, den Schaft mit grüngelbem oder rotem Klebeband zu umwickeln, so findet man ihn ein bisschen leichter, wenn man die Regel verletzt hat. Aber auch, wenn Sie den Hammer mit einer Alarmglocke oder blinkenden Lichtern verzieren, werden Sie ihn irgendwann verlieren, wenn Sie die Regel Nr. 1 nicht befolgen.

DIE ARBEIT AM BODEN BRAUCHT ZEIT. DER REST IST LEICHT

Entweder, man baut eine Grundmauer, was für die meisten Schuppen die eleganteste Basis ist, oder man setzt ihn auf Pfähle, das braucht ebenfalls Zeit. Dafür sollten Sie einen Arbeitstag oder ein Wochenende einkalkulieren. Damit diese Basis vollkommen quadratisch ist, müssen sie den Satz des Pythagoras kennen, den die meisten von uns vergessen haben, wenn sie ihn endlich einmal anwenden könnten. Siehe daher das Kapitel »Pythagoras für komplett hilflose Trottel«.

KAUFEN SIE SICH EINEN OVERALL

Ein Overall macht jeden Gedanken darüber, welches Ihrer Kleidungsstücke so alt ist, dass Sie es nicht einmal mehr zum Sport einsetzen können, überflüssig. Sie können den Overall in den Flur hängen oder vor der Tür ausziehen, ohne eine Menge Dreck in die Wohnung zu schleppen. Und er gibt Ihnen Selbstvertrauen. Passanten sehen den Unterschied zwischen Ihnen und jemandem, der weiß, was er tut, nicht.

ELEKTRISCHES WERKZEUG IST NICHT NÖTIG

Um einen Schuppen mit weniger als fünfzehn Quadratmetern zu bauen – dies ist in Norwegen die Grenze, um eine einfache Baugenehmigung zu erhalten –, braucht man kein elektrisches Werkzeug. Ehrlich gesagt. Elektrisches Werkzeug ist nicht mehr so teuer, seit die Chinesen auf den Markt drängen, aber die Verletzungsgefahr ist groß und sie ärgern sich nur, wenn Sie das Durcheinander der Kabel abends entwirren und alles wieder einpacken müssen. Das ist es nicht wert. Elektrisches Werkzeug ist sinnvoll für jemanden, der wirklich weiß, was er tut, und der in einem Team arbeitet. Wenn man allein oder zusammen mit anderen Idioten baut, benutzt man stattdessen ein bisschen den Drillbohrer, ein bisschen die Stichsäge, geht hinüber zum Batterieladegerät, sucht nach einer neuen Batterie, fragt sich, warum die Kreissäge nicht funktioniert, und latscht zur Steckdose, um den Stecker einzustecken. Das sieht dann aus wie bei Dick und Doof.

TEURES WERKZEUG KAUFEN

Falls Sie sich elektrisches Werkzeug anschaffen wollen, beginnen Sie am besten mit einer Kapp- und Gehrungssäge. Fragen Sie sich aber vorher, wie viele Schuppen Sie bauen wollen und ob sich die Anschaffung lohnt.

NOTWENDIG SIND MINDESTENS EINE WERKBANK UND ZWEI BÖCKE

Dies wird klar, sobald man begonnen hat. Denn wenn man an einem Brett sägt, will man möglichst nicht, dass das kurze Ende erst frei in der Luft hängt und sich dann langsam der Erde entgegenneigt, während man sägt, denn das endet fast immer damit, dass es splittert. Dinge, die wir sägen wollen, müssen an beiden Enden Halt haben.

ARBEITSLICHT IST NOTWENDIG, WENN MAN NICHT MITTEN IM SOMMER BAUT

Kräftige Halogenleuchten kosten so gut wie nichts in der Anschaffung, aber sie verbrauchen relativ viel Strom. Es gibt energiesparendere Varianten mit LED und Leuchtröhren. Kaufen Sie eine Lampe mit Stativ. Es ist noch nicht so lange her, dass man alles in den wenigen Stunden bauen musste, in denen es Tageslicht gab. Es ist nicht wahr, dass früher alles besser war.

NICHT NACH AUGENMASS BAUEN

Ob etwas waagerecht oder im Lot ist, sieht man nicht mit bloßem Auge, wir brauchen dazu eine Wasserwaage. Wer denkt: »Wieso muss das denn eigentlich so genau sein?«, bekommt am Ende immer einen gewaltigen Schreck, wenn er das Dach anbringen will. Dass alles im Lot sein muss, ist leider extrem wichtig. Auch bei einem fünfzehn Quadratmeter großen Schuppen.

EINE TÜR KANN MAN SELBST BAUEN, FENSTER SIND ETWAS SCHWIERIGER

Wenn die Tür nicht unbedingt dicht sein muss und auch keinen Angriff eines Zombietrolls nach der Apokalypse überleben soll, können wir sehr viel Geld sparen, wenn wir die Tür – oder die Türen – selbst bauen. Verwenden Sie das größte Scharnier, das Sie finden können, und denken Sie daran, dass die Wand, in die Sie das Scharnier schrauben wollen, solide sein muss. Fenster sind ein bisschen schwieriger. Wenn Sie sich Fenster auf dem Gebrauchtmarkt beschaffen, dann achten Sie darauf, dass der gesamte Fensterkasten dabei ist.

NICHT DIE PREISE VON BAUMATERIALIEN DER KASSIERERIN GEGENÜBER KOMMENTIEREN

Wer noch nie etwas gebaut hat, wird von den Preisen für Baumaterialien überrascht sein. Auf großen Bauplätzen wird das Material doch herumgeworfen, als sei es überhaupt nichts wert. Man fährt schließlich häufig an Containern voller gebrauchter Baumaterialien vorbei. Daher ist der Schock beim ersten Einkauf groß.

Man muss entweder die Zähne zusammenbeißen oder sich einer containerleerenden Untergrundkultur anschließen, die versucht, gratis zu existieren und gleichzeitig die Welt vor unnötigem Verbrauch zu retten. Letzteres ist ehrenvoll, wenn auch nicht immer hundertprozentig legal, aber eines ist sicher: Am Ende werden wir Baumaterial haben, aber nicht das, was wir gerade brauchen. Und was machen wir jetzt damit? Genau, wir lagern es im Schuppen ...

Die Dame an der Kasse des Baumarkts hat die Preise nicht gemacht, und die anderen Kunden in der Schlange werden sich ihren Teil denken, wenn wir versuchen, sie in ein Gespräch über das Kostenniveau zu verwickeln.

TÜR

ca. 10mm   2×4
ca. 15mm   Brettes

Rat mal, wer da klopft   Links eine Skizze, wie ich die Türen zu meinen verschiedenen Projekten gebaut habe. Vierkanthölzer (48 × 98 mm), hochkant, auf die Bretter genagelt sind.

⊙ Ich habe manchmal nicht ganz identische Türen eingesetzt, das liegt an meinen mangelnden Fähigkeiten und hängt davon ab, ob ich auf genügend identisches Material zugreifen konnte. Es handelt sich hier lediglich um eine Überschlagsrechnung, um zu wissen, wie viel Material ich brauche. Es lohnt sich, dies genau zu planen, damit die äußere Kante des letzten Bretts mit dem Rahmen abschließt. Längs zu sägen ist extrem langweilig und muss entweder mit einer japanischen Säge oder einer Stichsäge getan werden. Normale Sägen funktionieren nicht.

⊙ Bei älteren Schuppen oder Verschlägen sieht man häufig Türen wie die untere, bei denen die Bretter von einer einfachen Z-Form aus dem gleichen Material zusammengehalten werden. Es gab für solche Türen mal Spezialnägel mit einer kleinen Kerbe an der Seite. Dies führte dazu, dass man den Nagel leicht flachklopfen konnte, wenn er aus dem Werkstück herausragte. So wurde der Nagel gleichzeitig zu einer Art Klemme. Natürlich kann man auch Nägel verwenden, die nicht speziell für diesen Zweck gedacht sind, ich mag nur keine Nägel, die auf der anderen Seite wieder herausgucken, nachdem ich sie einmal hineingehämmert habe.

Es ist unglaublich frustrierend, wenn man mit einem Projekt nicht weiterkommt, weil Werkzeug oder Material fehlt. An einem Tag, der eigentlich zum Bauen vorgesehen war, müssen wir jetzt plötzlich zur Eisenwarenhandlung fahren. Eine Woche später steht eine Verabredung auf dem Terminplan, die sich nicht absagen lässt, und dann regnet es drei Wochen am Stück und plötzlich kommt der Winter, ohne dass das Dach angebracht worden ist. Und das alles nur, weil wir beim Nagelkauf vor Baubeginn ein bisschen zu geizig waren.

REGELN FÜR DAS AUFSTELLEN VON
FREISTEHENDEN SCHUPPEN

Gesetze und Verordnungen ändern sich ständig. Trotzdem bleiben die alten Versionen noch lange im Internet stehen. 2010 konnte man in Norwegen zum Beispiel problemlos eine siebzig Quadratmeter große Hütte errichten, eine einfache Mitteilung an die Gemeinde genügte, die innerhalb von drei Wochen dagegen Einspruch erheben konnte. Jetzt müssen derartige Projekte genehmigt werden, aber so etwas weiß man natürlich als Leser eines Beitrages nicht, der 2009 ins Netz gestellt wurde.

Im Moment kann man in Norwegen ohne Genehmigung bauen, wenn die Grundfläche nicht größer ist als fünfzehn Quadratmeter und der Bau die verordneten zweieinhalb Meter unter dem Gesims und drei Meter bis zum Dachfirst nicht überschreitet. Auch muss das Bauwerk mindestens vier Meter vom Grundstück des Nachbarn entfernt sein. Es darf kein fließend Wasser in den Bau gelegt und die Hütte nicht zu Wohnzwecken genutzt werden.

Die relevanten Gesetze finden sich in den Plan- und Bauvorschriften der Gemeinden. Aber am besten ist es natürlich, wenn man einen direkten Draht zum Bauamt hat.

Bei Schuppen oder schuppenähnlichen Bauten kann man vor allem aus zwei Gründen vor Gericht landen. Zum einen ist man möglicherweise selbst weit liberaler als die Behörden, wenn es um den Uferbereich geht, zum anderen gibt es oft genug Missverständnisse oder Unklarheiten in den Gemeindeverordnungen.

Was als Bau einer Hütte angefangen hat, kann rasch zu einem Projekt führen, das nicht unter die Baugesetzgebung fällt. 2011 erhielten zwei Bauern in Hjartdal eine Strafe von fünfzigtausend Kronen (€ 5300), weil sie das Gesetz zur Mannigfaltigkeit der Natur gebrochen hatten. Wie die Zeitung *Nationen* berichtete, hatten sie einen Graben ausgehoben, der hundert Meter lang und sechzig Zentimeter tief war, um eine Dränage für einen Schuppen zu legen, in dem Brennholz lagerte. Ein Schuppen ist also nicht immer nur ein Schuppen.

PYTHAGORAS FÜR KOMPLETT HILFLOSE TROTTEL

Okay. Sie wollen ein freistehendes Bauwerk errichten. Wenn sie kein alt gewordener Hippie sind, der sich von mongolischen Nomadenzelten inspirieren lässt, wird die Grundfläche quadratisch sein.[7] Und wenn Sie einen Rahmen mit den korrekten Längen zusammennageln, wird doch wohl etwas Ordentliches

[7] Es gibt sehr viel Gutes zu mongolischen Nomadenzelten oder Jurten zu sagen. Die traditionelle Baumethode ist ein kleiner Geniestreich in angewandter Physik, da das Gewicht des Daches die Wände versteift. Aber eine Jurte ist ziemlich schwierig zu bauen. Wenn Sie Ambitionen in diese Richtung haben, empfehle ich, sich samische Sommerzelte und Hütten näher anzusehen.

dabei herauskommen? Und mit Vierkanthölzern ist die Konstruktion sicherlich so stabil, dass es nahezu korrekt ist, oder?

Nein. Das wird nie der Fall sein.

Hier gibt es keinen anderen Weg, als die Schulmathematik zu bemühen.

Die allermeisten von uns haben den Lehrsatz des Pythagoras über rechtwinkelige Dreiecke vergessen, bevor sie den ersten Schuppen bauen. Da helfen auch Menschen nicht weiter, die Bücher über das Bauen schreiben oder Arbeitszeichnungen ins Internet stellen – sie gehen davon aus, dass jemand, der baut, dies im Griff hat. Und die übliche Art, Pythagoras zu folgen, setzt voraus, dass man Quadratwurzeln rechnen kann, was ein bisschen knifflig ist.

Üblicherweise findet man heraus, ob eine Konstruktion quadratisch ist, indem man sie sich als zwei Dreiecke vorstellt. Die Länge der Diagonale zwischen den gegenüberliegenden Ecken entscheidet, ob alle Winkeln neunzig Grad betragen.

Um es kompliziert zu formulieren: Das Quadrat aus der Diagonalen zwischen zwei Ecken muss die Summe des Quadrats der kurzen Seite des Schuppens plus des Quadrats der Längsseite sein.

Um es einfach zu formulieren: Wenn die kurze Seite drei Meter und die Längsseite vier Meter lang ist, muss die Diagonale immer fünf Meter sein.

Sie müssen jetzt die Diagonale aber nicht zwischen zwei Ecken ziehen. Sie können die Diagonale wo auch immer ziehen, Hauptsache, das Verhältnis zwischen den Seiten des Dreiecks ist drei, vier, fünf.

So wird's gemacht

⊙ Messen Sie eine Länge von der Ecke der einen Seite der Konstruktion, die leicht durch drei zu teilen ist. Drei Meter sind natürlich am einfachsten, aber alle Abstände, die sich durch drei teilen lassen, sind okay. Sagen wir, es werden 180 Zentimeter abgemessen. Geteilt durch drei, ergibt 60 Zentimeter, die jetzt die Maßeinheit sind.

⊙ Messen Sie eine Länge an der anderen Seite, die vier Maßeinheiten entspricht, also 240 Zentimeter. Markieren Sie es mit dem Bleistift.

⊙ Nehmen Sie ein Brett, auf dem Sie eine Länge markieren, die fünf Maßeinheiten entspricht, also in unserem Beispiel 300 Zentimeter. Legen Sie das Brett diagonal, sodass die Markierung auf der Markierung liegt, die Sie auf der Konstruktion angezeichnet haben. Das Einfachste ist, das Brett auf der einen Seite anzunageln (aber schlagen Sie den Nagel nicht ganz ein, Sie müssen ihn später wieder herausziehen) und die Konstruktion so zu justieren, bis die Markierungen auf der anderen Seite sich treffen und sie diese Seite auch mit einem Nagel fixieren. Voilà, nun haben Sie eine versteifte quadratische Konstruktion. Die diagonale Versteifung in diesem Beispiel muss früher oder später entfernt werden, Sie merken intuitiv, wann die Zeit gekommen ist.

LICHT IM SCHUPPEN

Die Lichtverhältnisse im Keller oder im Schuppen sind häufig sehr schlecht. Entweder es fehlt ein Fenster, weil es der letzte Raum ist, an den jemand denkt, der ein Haus entwirft, oder es fehlt ein Fenster, weil es wertvollen Platz an der Wand wegnimmt, an die man Werkzeug hängen könnte. Wenn ein Schuppen Fenster hat, sind sie häufig klein, nach Norden ausgerichtet oder mit alten Tennisschlägern und der Auspuffanlage eines alten Datsun zugehängt.

Der Vorteil des schlechten Lichts ist, dass man nicht sieht, wie dreckig es ist. Dass sich die Hygiene in norwegischen Wohnungen parallel zu den Lichtverhältnissen verbessert hat, ist kein Zufall. Wo sämtliche Aufklärungskampagnen versagt haben, waren es Osrams Glühbirnen und der Ausbau der Elektrizitätswerke, die für sauberere Fußböden und saubereres Geschirr gesorgt haben.

Was macht man, wenn man schlechtes Licht im Schuppen hat und es keinen Strom gibt? Lange Kabel von der nächsten Wechselstromquelle sind unpraktisch und außerdem gefährlich.

STROM FÜR ANFÄNGER
230-Volt-Spannung
Das ist der Strom im Haus. Keine Experimente mit 230 Volt. Rufen Sie den Elektriker.

12-Volt-Spannung
Das ist der Strom im Auto. Dieser Strom wird auch in Solarzellenanlagen verwendet. Hier kann noch immer viel schiefgehen, aber in Norwegen darf man eine Solarzellenanlage selbst einbauen. Allerdings wird niemand Sie verstehen, wenn Sie in einem Laden nach einem Kontakt, einem Kabel oder einer

Lampe für eine Solarstromanlage fragen.❽ Sagen Sie, es sei fürs Auto.

HONKY-TONK-LÖSUNGEN FÜR LICHT IM SCHUPPEN, DIE OHNE ELEKTRIKER INSTALLIERT WERDEN KÖNNEN

Plastikflaschen

Wenn Sie einen Schuppen haben, können Sie es so machen wie die Slumbewohner auf den Philippinen oder in Brasilien, die »Glühbirnen« aus Plastikflaschen bauen. Man füllt eine Flasche mit Wasser und etwas Chlor (um die Algenbildung zu verhindern), bohrt ein Loch in die Decke des Schuppens und schiebt die Flasche halb hindurch. Mit Dachkitt wird das Loch abgedichtet. Das funktioniert allerdings nur, wenn draußen die Sonne scheint, aber wenn Sie furchtlos genug sind, ein Loch ins Dach zu schlagen, kann das viele Probleme lösen.

❽ Abgesehen von Geschäften, die sich auf Ferienhäuser spezialisiert haben und deren Preise ganz schön happig sein können. Probieren Sie es im Internet oder in Fachgeschäften für Autozubehör, bevor sie kaufen.

Obwohl es sich dabei kaum um Raumfahrttechnologie handelt, stammt diese Erfindung tatsächlich von Studenten des Massachusetts Institute of Technology, und die Idee wurde von Menschen, die kaum andere Möglichkeiten hatten, an Licht zu kommen, begeistert adaptiert. Es gibt inzwischen eine avancierte, hochtechnologische Version mit dem Namen »Sky Tube« zu kaufen, die allerdings ziemlich teuer ist.

Eine garantiert wasserdichte Lösung (wenn Sie einen Schuppen ohne isoliertes Dach haben) ist es, das Dach durch eine durchsichtige Version zu ersetzen, zum Beispiel mit einem Material, das man auch zum Abdecken von Außenterrassen benutzt.

Denken Sie daran, eine kleine Lichtquelle im Dach über der Stelle zu installieren, an der Sie sich am meisten aufhalten.

Sie müssen allerdings darauf achten, dass Sie nicht auf jedes einzelne Ding, nach dem Sie greifen, einen Schatten werfen. Das ist der Grund, warum es in der Küche so viele Lichtquellen gibt, unter der Abzugshaube und über dem Herd.

Baumarktlösung
Aufladbare Arbeitsleuchten mit Klemmen, die sich überall befestigen lassen. Gibt es in allen Baumärkten zu kaufen. Lampen mit LED geben besseres Licht als Leuchtröhren.

Solarzellenmodule
Es gibt Solarzellenmodule für Boote und Wohnwagen zu kaufen. Sie liefern aber kein Arbeitslicht. Schauen Sie im Kapitel »Alternative Energiequellen für den Schuppen« nach, wenn Sie es mit Solarstrom ernst meinen.

Flammen
Wenig Platz, brennbare Materialien und jede Menge Farbe, Benzin für die Motorsäge und Terpentinersatz. All das sind vermutlich nicht die idealen Bedingungen für den Einsatz von Kerzen. Wenn im Schuppen allerdings nichts steht, was explodieren kann, können wir eventuell auch eine einfache Petroleumlampe benutzen. Andere Paraffinlampen geben sicher mehr Licht, sind aber zu empfindlich (zum Beispiel die Lampen der Marke Aladdin) oder umständlich vorzubereiten und während des Gebrauchs laut (zum Beispiel das Modell von Petromax, das mit Druck arbeitet).

Schuppenlampen
Es gibt batteriebetriebene Lampen für Schuppen, die sich unter dem Dach oder unter Regalbrettern mit Klebeband oder Schrauben befestigen lassen. Sie kosten wenig und geben ein ganz ordentliches Licht, als Arbeitslicht würde ich das allerdings nicht bezeichnen.

ALTERNATIVE ENERGIEQUELLEN IM SCHUPPEN

Norweger haben keine großen Hemmungen, überall dort Wechselstrom hinzulegen, wo sie ihn brauchen. Aber es ist ziemlich langweilig, die Dinge immer auf die teuerste und bequemste Art und Weise erledigen zu lassen. Ein Schuppen ist kein schlechter Ort, um mit Alternativen zu experimentieren.

Um alternative Energiequellen in Schuppen, Garagen und Werkstätten zu nutzen, baut man am besten einen Warmluft-Kollektor. Das ist ein flacher Kasten, der hinten isoliert und vorn durchsichtig ist. Man kann ein altes Fenster oder eine Plastikwanne mit einem durchsichtigen Deckel aus Kunststoff nehmen, wie man sie in Gewächshäusern benutzt. Die Innenseite wird schwarz gestrichen. Dann werden durch den Boden einige Rohre in den Kasten geschoben und durch die Rückwand des Kastens in den Schuppen geführt. Der Kasten wird an der Südseite des Schuppens angebracht. Die Sonne erwärmt die Luft in den Röhren, und da warme Luft leichter ist als kalte Luft, wird sie automatisch in den Schuppen gesogen.

Die Methode ist einfach und billig, die Röhren lassen sich aus alten Bierdosen fertigen (siehe auch: http://tiny-houses. de/bauanleitung-warmluft-kollektor/). Das System ist besonders praktisch in höher gelegenen Teilen der USA und Süd-Europas, wo es kalte Tage gibt, an denen aber viele Stunden die Sonne scheint.

In Norwegen denkt man bei dem Stichwort alternative Energie sofort an Solarzellenpanels. In Gartenzentren kann man Lichter und Lampen mit kleinen Solarzellenpanels kaufen, sie sind billig und sehen verlockend aus. Leider sind die Solarzellenpanels – zumindest die kleinen – nicht sonderlich umweltfreundlich. Die Energiekosten in der Produktion sind größer als das, was man einspart. Sie geben genug Licht, wenn man im Schuppen etwas sucht, aber nie genug, um wirklich darin zu arbeiten.

Große Solarzellenpanels, die an der Wand befestigt werden, sind effizienter. Ich habe fünf Jahre mit Solarzellen als einziger Energiequelle gelebt, es reichte fürs Licht und um das Telefon, den Computer und ein paar Werkzeuge aufzuladen. Mit Hilfe von Panels und großen Batterien hat man auch Strom während der Wintermonate. Mit der Entwicklung der LED-Technologie in den letzten Jahren bekommt man zudem auch mit einem 12-Volt-System ein sehr kräftiges Licht, allerdings ist auch hier der Nutzen für die Umwelt eher zweifelhaft, vor allem wegen der großen Batterien, die im Abstand von fünf bis zehn Jahren ausgetauscht werden müssen.

In Norwegen haben wir häufig schlechte Erfahrungen mit Solarzellen in Hütten und Wochenendhäusern gemacht, weil die Panels weit oben unter den Dachtraufen angebracht wurden, wo sie nie Licht bekommen. Außerdem wird häufig beim Nachfüllen von Wasser in den Batterien geschlampt. Schnell endet es damit, dass man einen halben Monatslohn für ein System ausgegeben hat, das einige Wochen im Jahr ein schwaches, nie zufriedenstellendes Leselicht liefert.

Am effektivsten wird die Sonnenkraft bei der Erhitzung von Wasser oder Speisen ausgenutzt. Mit Solarzellenpanels verschwindet der größte Teil der Energie im schwarzen Loch der physikalischen Gesetze. Aber mit einigen Spiegeln und schwarzen Behältern, die man in die Sonne stellt, lassen sich Wasser und Speisen erheblich schneller erhitzen als elektronisch.

Man kann Windkraft-Generatoren für den eigenen Gebrauch kaufen. Sie erfordern ein großes Grundstück (und einen hohen Mast an einer Stelle, an der es weit und breit keine Gebäude oder Bäume gibt), aber um diese Generatoren sinnvoll einzusetzen, müssen wir wissen, wie wir sie instand setzen und instand halten können.

Potentiell lässt sich erheblich mehr Strom erzeugen als mit Solarzellenpanels, andererseits sind die Kosten ziemlich hoch. Früher wurden Windaggregate verkauft, die auf Hütten und Wochenendhäusern angebracht wurden, es wurde mit technischen Spezifikationen geworben, die ziemlich überzeugend klangen. Aber es ist natürlich unmöglich, einen Windkraft-Generator in die Nähe eines Hauses zu setzen, ohne Turbulenzen zu verursachen. Ob zuerst das Windkraftaggregat oder das Gebäude, auf dem es angebracht wurde, auseinanderbricht, ist reines Lotteriespiel. Es ist lange her, dass solche Windkraftaggregate in Norwegen verkauft wurden.

Mich faszinieren alle neuen Erfindungen, die umweltfreundlich und mit einem Freiheitsversprechen daherkommen. Aber wirtschaftliche, praktische und – wenn jemand daran interessiert ist – ökologische Lösungen sind in der Regel auf andere Art und Weise sexy als Solarzellenpanels und LED-Licht.

In einer unbeheizten Werkstatt kann es zum Beispiel sehr angenehm sein, auf einer isolierenden Styroporplatte zu stehen. Natürlich können Sie sich auch einen zusätzlichen Pullover anziehen, statt den Raum zu beheizen.

Torf auf dem Dach hält das Gebäude im Winter warm und kühlt im Sommer. Ein Torfdach ist schwer und erfordert eine solide Konstruktion des gesamten Baus, auch muss man wissen, was zu tun ist, wenn es zu Feuchtigkeitsproblemen kommt.

Große, isolierte Fenster spenden Licht und Wärme. Man kann sie gut gebraucht kaufen, sodass die Ausgaben überschaubar sind.

Eigentlich wird damit die globale Energiefrage angesprochen. Entweder so weitermachen wie bisher (den Elektriker anrufen) und von etwas komplizierteren Technologien träumen, die das Problem eines sich ständig erhöhenden Energiebedarfs nicht wirklich lösen, oder für Lösungen eintreten, die eine Änderung der Gewohnheiten bedeuten und bei denen man seine Erwartungen teilweise anpassen muss.

Der Energieverbrauch war in den letzten vierhundert Jahren verblüffend stabil, er erhöhte sich um ungefähr 2,3 % pro Jahr. Dies bedeutet eine Verdopplung in jedem dreißigsten Jahr, also eine Vervierfachung in sechzig Jahren, eine Verachtfachung in einhundertzwanzig Jahren und so weiter. In zweitausendvierhundert Jahren werden wir ebenso viel Energie benötigen, wie sie von den Sternen der gesamten Galaxie ausgeht. Wir reden hier von einer Menge Watt. Das ist noch lange hin, mögen Sie denken, aber vor zweitausendvierhundert Jahren waren die Pyramiden bereits gebaut, und die alten Griechen tobten sich mit ihren Tempeln aus. Irgendwann ist es so weit.

Und ihr Schuppen kann ein Teil der Lösung oder ein Teil des Problems sein. Irgendwann muss man schließlich anfangen.

MAN SOLLTE ES NICHT GLAUBEN, MAN KANN DOCH LAUBEN BAUEN – BAUEN MIT PLANEN

Manchmal hat man nicht genug Platz im Haus, um Dinge zu lagern. Oder man will sie gar nicht dort lagern, weil es sich zum Beispiel um das Geburtstagsgeschenk für die Ehefrau handelt, eine große Säge vielleicht. Da hilft dann nur eine Plane, um die Dinge draußen zu schützen.

Grob gesagt, gibt es zwei Sorten, zwischen denen man sich entscheiden muss, ich nenne sie der Einfachheit halber »Autoplane« und »Bootspersenning«. Autoplanen, die häufig grün, weiß oder halbtransparent sind, kosten sehr wenig. Sie halten dafür auch nicht sehr lange. Nach nur wenigen Monaten im Freien fangen sie an auszufransen. Eine Bootspersenning ist meist blau, sie ist beinahe absurd schwer und kostet erheblich mehr, hält aber auch sehr viel länger.

Die Not lehrt einen obdachlosen Mann zu bauen Dieses Heim beherbergte fünf Jahre lang einen Mann und seine Habseligkeiten. Eine Persenning kann für alles verwendet werden. Nordmarka, Oslo.

Ein gängiger Fehler ist es, die Plane so zu drapieren, dass eine Mulde entsteht, in der sich Regenwasser oder Schnee sammeln kann. In Norwegen gibt es mehr Niederschläge als zum Beispiel in Irland, ein Land, das jeder mit Dauerregen assoziiert. Und aufgrund der Murphy-Logik, die, wie wir alle wissen, das Universum steuert, wird es garantiert regnen, wenn wir draußen etwas vor den anderen verstecken wollen.

Auf Open-Air-Veranstaltungen sieht man oft Planen mit eingelassenem Ablauf: Man befestigt einen Gartenschlauch unter einem Loch an der Stelle, wo sich erfahrungsgemäß die Plane unter dem Gewicht des Wassers beult.

Eine Plane ist nicht sehr belastbar, das sollte man bedenken, wenn man sie an den Ösen hochzieht. Normalerweise werden die Ösen dazu benutzt, um die Plane am Boden zu befestigen. Als freischwebende Dächer funktionieren Planen eher nicht. Man kann Spannriemen und avancierte Knotentechniken einsetzen, um die Plane richtig straff in der Luft zu verspannen, aber das Wetter und die Materialermüdung verhindern eine dauerhafte Lösung, und mit dauerhaft meine ich »mehr als ein paar Stunden«.

Haben Sie schon einmal von der »Indianeröse« gehört? Es gibt Situationen, in denen man eine Öse oder einen Haken an einer Stelle der Plane braucht, wo gerade keine ist. Dann kann man einen kleinen Stein oder etwas Ähnliches an die Unterseite der Plane legen und an der Oberseite verknoten. Voilà, fest genug, um ein Seil daran zu befestigen.

Ein Unterschied zwischen Menschen, die schon einmal im Freien im Dreck gearbeitet haben, und denen, die es nicht getan haben, ist, dass Letztere leicht unterschätzen, wie feucht der Boden in Norwegen ist. Legt man etwas auf die Erde, ist es innerhalb kurzer Zeit von Feuchtigkeit durchdrungen. Autos und Fahrräder kann man eine Zeitlang relativ problemlos auf dem Asphalt stehen lassen, alles andere muss hochgezogen werden. Da schützt auch eine weitere Plane, die man auf den Boden legt, nicht vor Feuchtigkeit. In solchen Momenten retten mir ein paar Leca-Blöcke und Paletten häufig den Tag. Es gibt Menschen, die aus irgendeinem Grund immer Leca-Blöcke und Paletten zur Hand haben, während dies für andere Menschen exotische Gegenstände sind, von denen man eigentlich auch gar nicht weiß, wo man sie besorgen soll.

Wenn man auf dem Land wohnt und ein Auto besitzt, kommt man leicht an sein Baumaterial. Oft steht es ungenutzt bei einem Bekannten herum, wo man es nur abholen muss. In der Stadt ist das nicht so einfach. Hier muss man sich seine Paletten und Leca-Blöcke neu kaufen.

Dass die Temperaturschwankungen in der Natur unweigerlich zu Kondenswasser führen, ist ein weiteres Problem.

Das nahezu exotischste Erlebnis für einen Norweger ist der Moment, in dem er in einem südlichen Land nachts aus dem Flugzeug steigt und verblüfft feststellt, dass es draußen wärmer ist als drinnen. So etwas passiert in Norwegen selten, nachts ist es draußen nahezu immer kälter als drinnen, und ohne mich in Details verlieren zu wollen: Dies führt zu Kondenswasser.

Eine gelungene Planen-Konstruktion, die an der Oberseite dicht ist, wird gemeinerweise dafür sorgen, dass alles, was man darunter lagert, trotz vermeintlichem Schutz ziemlich feucht wird. Abhängig von dem, was gelagert wird, kann man warten, bis es zu einem Problem wird, und währenddessen für mehr Platz zwischen den gelagerten Gegenständen sorgen und einen gewissen Abstand zwischen Gegenstand und Boden halten.

Ich habe Baumaterialien jahrelang im Freien unter einer Plane gelagert, ohne mich viel darum zu scheren, und es hat sich einigermaßen gehalten. Man sollte das Ganze auch nicht übertreiben.

SO BAUT MAN EINEN UNTERSTAND ZUM EISANGELN

Eines Tages im Januar 1979 erwachte Roger LaCarte auf einer Treibeisscholle im Michigansee. Am Abend zuvor war er mit seinem Schneescooter hinausgefahren, hatte einen Unterstand zum Angeln gebaut und sich dort schlafen gelegt. Im Laufe der Nacht hatte sich die Scholle gelöst, auf der er sich befand. Dies geschah vor der Zeit der Mobiltelefone, und LaCarte sah keinen anderen Ausweg, als den Unterstand zu verbrennen – in der Hoffnung, dass jemand auf ihn aufmerksam werde. Als dies nicht funktionierte, benutzte er die Taschenlampe, um zwei Schneescooter-Fahrern an Land Signale zu geben. Schließlich wurde er mit einem Helikopter der Küstenwache aus Cheboygan gerettet. »Er hätte es vielleicht erst mit der Taschenlampe versuchen sollen, bevor er den Unterstand verbrannte«, erklärte ein Polizist der Lokalzeitung. Um LaCartes Schneescooter hingegen machte er sich keine Sorgen: »Nur sehr wenige Diebe würden aufs offene Wasser gehen, um einen Scooter zu stehlen.«

Ein Unterstand zum Angeln – oder »The ice fishing shack« – ist eine verbreitete Tradition in Nord-Amerika, in Norwegen und in Deutschland vermutlich am ehesten bekannt durch den Film *Ein verrücktes Paar* mit Walter Matthau und Jack Lemmon. Im Grunde handelt es sich um ein transportables kleines Haus ohne Boden. Man stellt den Unterstand aufs Eis und bohrt von innen ein Loch ins Eis und kann so relativ komfortabel angeln. Es geht dabei allerdings um weit mehr als nur um ein Hobby zur Nahrungsergänzung, es repräsentiert die klassische Männerkultur mit Geschichtenerzählen und Schnapstrinken.

Allerdings gibt es keine sehr große Tradition für den Bau von Eisangelhütten in Norwegen, aber ich habe schon einmal ein Zelt, einen Wohnwagen und einen Scooter-Anhänger gesehen, die zu einem ähnlichen Zweck verwendet wurden. Norwegern gefällt die Vorstellung, dass man in ihnen den hartgesottenen Eisangler sieht, der sich mit einem Campingstuhl, einem Thermoanzug und einer Thermoskanne mit Kaffee begnügt. Dabei wird es in den bewohnten Gebieten Norwegens nie so kalt wie im Mittleren Westen. Im Winter können an den Binnenseen der USA und Kanadas ganze Dörfer mit Angel-Unterständen entstehen. Es ist tatsächlich so etwas wie eine eigene Subkultur an künstlerischen Angelverschlägen entstanden, eine Art »Burning Man«-Festival auf dem Eis.

Dabei gab es im Norden durchaus eine solide Tradition mit Häusern auf dem Eis. Olaus Magnus (1490-1557) – der letzte katholische Erzbischof von Schweden – schreibt in der *Historia de gentibus septentrionabilus* (›Die Geschichte der nordischen Völker‹), dass jeden Winter auf dem Eis zwischen Schweden und Finnland Wirtshäuser auf Holzstämmen gebaut wurden. So konnten Schlittenreisende auf dem Weg übernachten.

Es kann gefährlich sein, mit einem Auto samt Anhänger aufs Eis zu fahren. Deshalb sollte man einen Angelunterstand so bauen, dass man ihn auf Kufen transportieren kann. Keine einfache Aufgabe, wenn man etwas bauen will, das mehr Komfort bietet als ein Zelt.

Wenn man sich nun entschlossen hat, dieses Phänomen der amerikanischen Kultur zu importieren, und selbstverständlich alles mit dem Grundbesitzer und den örtlichen Behörden geklärt hat, gibt es noch etwas, dass man wissen sollte: Ein Unterstand friert ruck, zuck fest. Ein Bekannter von mir, der sich aus reiner Neugier einen Angelunterstand baute, musste den Unterstand wieder einreißen und das Baumaterial auf dem Rücken vom See zur nächsten Straße tragen, weil die Kufen sich nicht vom Fleck bewegen ließen. Die Konstruktion war nicht wirklich durchdacht.

Amerikanische Versionen sind nicht wie Häuser isoliert, weil dies das Gewicht verdoppelt. Der praktische Aspekt (Transport) siegt über den Komfort. Manchmal bestehen zwei der vier Wände aus Leinwand, sodass man den Verschlag zusammenlegen kann, oder man könnte auch einen Bausatz nutzen, der direkt vor Ort montiert werden kann.

UNPLUGGED

Noch vor ein paar Jahren waren elektrische Bohrer etwas, worauf ein erwachsener Mensch mit einem gesicherten Einkommen Monate und Jahre sparen musste. Heutzutage kann man sie, dank chinesischer Produktion, für ein paar Stundenlöhne kaufen. Und nicht nur Bohrer, sondern auch Winkelschleifer, Kreissägen, Kappsägen, Kantentrimmer und hydraulische Bohrschrauber. Wegen der günstigen Preise bieten die meisten Eisenwarengeschäfte oft gar nichts anderes mehr.

Für alle, die gern unplugged arbeiten, gibt es offensichtlich keinen Markt mehr. Das führt dazu, dass die Keller schnell voller elektrischem Werkzeug sind. Wer da nicht sorgfältig Ordnung hält, endet mit einem Haufen inkompatibler Ladegeräte, Batterien und Verlängerungsschnüre. Und wenn man das billigste Werkzeug gekauft hat, ist es zudem rasch abgenutzt.

Nehmen wir zum Beispiel die altehrwürdige Bohrwinde. Für jemand, der bisher nur Schraubenzieher und elektrische Bohrmaschinen gekannt hat, ist die Bohrwinde eine Offenbarung, nicht nur aufgrund der Gesetze der Physik und des Potentials des menschlichen Körpers, sondern weil man sofort versteht, wie niederträchtig die Konsumgesellschaft sein kann. Es stimmt, dass die Bohrwinde etwas langsamer ist als eine elektrische Bohrmaschine, und man kommt damit auch nicht immer in die letzte Ecke. Aber sie hat ein weit größeres Drehmoment. Lange Schrauben gehen durch die dicksten und widerständigsten Werkstücke, und man braucht dazu nicht mehr als ein bisschen Muskelkraft.

Da man beide Hände braucht, um die Bohrwinde zu bedienen, kann der elektrische Bohrer in manchen Fällen durchaus nützlich sein, zum Beispiel, wenn ein Loch in einen Plastikkübel gebohrt werden soll, der mit Zwingen und Riemen kaum zu fixieren ist.

Eine gut ausgestattete Werkstatt muss trotzdem immer auch über eine Bohrwinde verfügen, vor allem weil man damit nie warten muss, bis ein Akku wieder aufgeladen ist.

Um heute noch eine Bohrwinde zu bekommen, muss man entweder warten, bis man sie von einem alten Mann erbt, oder im Netz danach suchen.

In Norwegen werden vor allem handbetriebene Bohrer verkauft, die nach dem Schneebesenprinzip funktionieren: Ihre Funktionalität ist eingeschränkt, und wozu man sie eigentlich braucht, bleibt ein Mysterium.

Muskelkraft Eine Bohrwinde oder »nichtelektrischer Bohrer«.

Die pedalbetriebene Nähmaschine

Eine muskelbetriebene Maschine, die sich als extrem abnutzungsresistent erwiesen hat. Man bekommt sie für wenig Geld auf dem Gebrauchtmarkt, man findet sogar noch einzelne Ersatzteile. Richtig fingerfertige Menschen können einen Nähmaschinentisch mit Pedal und Treibriemen zu einer funktionierenden Messerschleifmaschine umbauen.

Handsäge

Wenn das von Hand gesägte Produkt im Ergebnis hässlich ist, glaubt man gern, dass das mit einer elektrischen Säge nicht passiert wäre. Aber Vorsicht, es wird eine enorme Menge billiger Handsägen verkauft, die sich meist nur für den einmaligen Gebrauch eignen. Ich selbst bin sehr glücklich mit den japanischen Ryoba-Sägen, die nicht nur quer zur Holzfaser sägen können, sondern auch längs. Noch ein Vorteil der japanischen Sägen ist, dass sie sägen, wenn sie zum Körper gezogen und nicht, wenn sie vom Körper weggeschoben werden. Wechselt man zwischen europäischen und japanischen Sägen, minimiert sich das Risiko von Belastungsschäden. Wenn man sich als Fan von japanischen Sägen outet, wird man schnell für einen Super-Ninja oder Tischler-Samurai gehalten, aber diese Sägen gibt es in vielen, ganz gewöhnlichen Eisenwarenhandlungen.

Axt

Mit Axt, Säge, Keil und einem Vorschlaghammer fällt man einen Baum so schnell, dass der Nachbar immer noch damit beschäftigt ist, das Benzin zu mischen und in den Tank seiner Motorsäge zu füllen, während man längst fertig ist. Die Zweige können mit der Axt mindestens so schnell gekappt

FIG. 113.—Small treadle lathe.

Vielleicht im Kopf, in jedem Fall aber in den Beinen Typische Katalogillustration von einer Drehbank der vorletzten Jahrhundertwende, die mit einem Trittbrett bedient wird. Das Prinzip der pedalbetriebenen Nähmaschine und das einer Body-Building-Apparatur sind hier eine größere und ausgesprochen nützliche Einheit eingegangen.

werden wie mit einer Motorsäge. Wenn es darum geht, einen Baumstamm in passende Längen zu schneiden, geht das mit Motorsäge allerdings erheblich schneller.

Sense
Mäht hohes Gras und Gebüsch ebenso effektiv wie ein Rasenmäher oder Kantentrimmer. Wenn man die Technik einmal beherrscht, ist es auch nicht mehr anstrengend, sondern sehr ruhig und elegant. Aus irgendeinem Grund sind die Österreicher die wichtigsten Produzenten von Sensen.

DIE
GENÜGSAMKEITS
FALLE

Es ist nicht bewiesen, dass die Menschen früher weniger materialistisch waren. Über die Art, wie historische Gestalten mit der größten Selbstverständlichkeit ihr Leben für Dinge riskierten, die für uns heute selbstverständlich sind, können wir nur den Kopf schütteln. Während der Franklin-Expedition in der kanadischen Eiseinöde 1845-47 schleppte die britische Mannschaft Silbergeschirr und Bücher mit, aber nicht genügend Lebensmittel. Sie starben im Eis, aber immerhin mit Besteck und Bibliothek. Die Auswanderer, die 1620 Plymouth im heutigen Massachusetts gründeten, hatten nicht genügend Lebensmittelvorräte mitgenommen, um den ersten Winter zu überleben, dafür aber ein zweibändiges Werk über die Geschichte des ottomanischen Reiches. Zu einer Zeit, als die Dinge wirklich etwas kosteten, fiel es einem schwerer, sich von ihnen zu trennen.

Sehr viele Waren und Dienstleistungen kosten im Verhältnis zu einem durchschnittlichen Monatslohn erheblich weniger als noch vor kurzer Zeit. 1945 warb die Fluggesellschaft SAS für eine Reise von Oslo nach New York und zurück mit einem Preis von 75050 Kronen (beinahe € 8000) – das entsprach zwölf Jahreslöhnen eines Industriearbeiters. Ein gewöhnliches Fahrrad kostete ungefähr einen Monatslohn. Wir schnappen heute nach Luft über die Preise von teuren Fahrrädern, die drei- bis viertausend Euro kosten, aber man muss sich vor Augen halten, dass es eine Zeit gab, in der die Preise von Fahrrädern auf diesem Niveau überhaupt erst anfingen.

Die heute um die Vierzigjährigen erlebten die fantastische Preisreduktion von Waren als Folge der Globalisierung parallel zu ihrem eigenen wirtschaftlichen Erfolg. Es ist daher

Der Klassiker Ein Aufbewahrungskeller, wie wir ihn kennen. Jedes Mal, wenn wir umziehen, stehen wir vor einem grundsätzlichen Dilemma: Kann man es verantworten, Kisten wegzuwerfen, die man seit dem letzten Umzug nicht mehr angefasst hat? Ist man erst einmal der Versuchung erlegen, eine Kiste zu öffnen, wird man vermutlich beschließen, dass man erst mal ordentlich sortieren muss. Daher wird die Kiste wieder verschlossen und zur nächsten Adresse mitgenommen, wo sie samt Inhalt wieder in den Keller gestellt und vergessen wird.

schwer zu sagen, ob ihr Verbrauch sich erhöht hat, weil Erwachsene eben mehr verbrauchen, oder weil alles so schamlos billig geworden ist. Die Menschen haben in den fünfziger Jahren schließlich ebenfalls Autos und Hobbyausrüstungen gekauft und sind in den Urlaub gefahren.

Heute kann man einen Elektrobohrer im Baumarkt oder ein leichtes Sommerkleid bei H&M zum Preis von einem Stundenlohn eines Friseurgehilfen kaufen. Hier sind die Preise noch mehr gesunken als in den Lebensmittelgeschäften, in denen man für das gleiche Geld zehn Zeitungen oder eine nicht einmal zur Hälfte gefüllte Einkaufstüte mit Knäckebrot, fettarmer Milch und Tütensuppe bekommt.

Während sich das norwegische Gehaltsniveau zwischen 1990 und 2013 verdoppelt hat und die Preise für Gebrauchsgüter verfielen, sind die Immobilienpreise dramatisch gestiegen. Eine durchschnittliche Wohnung kostete 1980 dreieinhalb Jahresgehälter und 2013 sechs Jahresgehälter. Dennoch wohnen die Norweger nicht beengter. 1960 wohnten 3,3 Personen in jedem Haushalt, 2001 waren es 2,3. Außerdem ist die durchschnittliche Wohnung größer geworden, von achtundachtzig Quadratmetern 1973 auf einhundertfünfzehn Quadratmeter 2001.

Auch wenn die durchschnittliche Wohnung größer geworden ist, fehlt der Platz, um all die vielen günstig erworbenen Dinge des täglichen Lebens auszustellen wie in einem hübschen Laden.

In anderen Ländern wird dieses Problem schlichtweg so gelöst, dass man Dinge, die man nicht mehr haben will, auf die Straße stellt, und schwupps! sind sie verschwunden.

Ich beobachte hin und wieder Leute, die versuchen, dieses System auch bei uns einzuführen. Es sind nahezu immer Sofas und Waschmaschinen, die auf diese Weise entsorgt werden und lange stehen bleiben – Geschirr und Lampen verschwinden ziemlich schnell.

Wenn Dinge nicht viel kosten und leicht zu ersetzen sind, misst man dem einzelnen Ding eine geringere Bedeutung bei. Außerdem sind viele Sachen, die es heutzutage zu kaufen gibt, der reine Mist. Wer hat nicht schon erlebt, dass ein Gegenstand, den man gekauft hat, sich in dem Moment weigert zu funktionieren, wenn man ihn auspackt? Genies in Marketing und Design haben dafür gesorgt, dass wir denken, wir wären schuld, wenn das Hemd unter dem Ärmel reißt oder die Installation des Druckers jedes Mal wieder von vorn losgeht.

Der erhöhte Durchsatz von Dingen in einem gewöhnlichen Haushalt sorgt auch für eine Devaluation von alten Gegenständen, die man noch von früher hat. Die reine Logik sagt, dass etwas Altes in dem Moment populär und modisch wird, in dem man es weggeworfen hat.

Noch vor einer Generation gab es in vielen norwegischen Haushalten Familienfotos in Schwarzweiß oder in Sepiatönen. Zahllose Frauen und verbitterte bärtige Männer starrten aus schwarzen ovalen Rahmen missbilligend auf ihre Nachfahren; die Fotos hingen bevorzugt in Treppenhäusern oder in ungeheizten Fluren in der Nähe des Telefons.

Diese Fotografien hatten einen Wert, der sich heute nur schwer bemessen lässt. Die Kosten dieser altväterlichen Altäre waren erheblich. Es ist heute kaum mehr vorstellbar, wie teuer das Fotografieren, Entwickeln und Rahmen dieser Bilder damals war. Die Fotos waren eine Investition. Oft waren die Bilder der einzige Haken, an den man seine Erinnerungen hängen konnte. Die übliche Antwort auf die Frage »Was würdest du mitnehmen, wenn dein Haus brennt?«, lautete: das Familienalbum. Nur wer einen Hund besaß, gab eine andere Antwort.

Bei der nächsten Generation wurden diese Bilder durch Reproduktionen von Toulouse-Lautrec oder van Gogh ersetzt, eventuell noch durch Fotografien von der letzten Bergsteigertour oder dem letzten Segeltrip.

Das Bedürfnis, sich an frühere Zeiten zu erinnern, wie man es tat, als man noch achtzig Jahre alte Fotos an den Wänden hängen hatte, schwindet, andererseits macht man sich aber auch nicht groß über die Zukunft Gedanken. Das haben wir uns mit unserem neuerworbenen Reichtum erkauft, die Freiheit, nicht in langen Zeiträumen denken zu müssen. Der Vater von Michel aus Lönneberga denkt lange voraus, und einmal seufzt er darüber, dass seine Frau jeden Tag in Schuhen herumläuft, nicht nur sonntags: »Wenn du so weitermachst, musst du dir alle zehn Jahre ein neues Paar kaufen.«

Vorbei ist die Zeit, als erwartet wurde, dass das Bettzeug, das ein Paar als Hochzeitsgeschenk bekam, auch noch auf dem Sterbebett lag. Alles wird immer schneller erneuert und ausgetauscht. In gewisser Weise werden moderne Menschen damit ebenso unsentimental wie die einfachsten Jäger und Sammler, die wussten, dass sie sich dort, wo sie hinkamen, etwas Neues anfertigen konnten – es hatte keinen Sinn, seine Boote und Speere mitzuschleppen.

Du kannst alles, was du in den Händen hast, verlieren und dennoch sofort ein neues Leben in relativem Komfort beginnen – solange du weiterhin ein Gehalt beziehst und nicht allzu viele Kredite zu bedienen hast. Jeden Tag kannst du zu Ikea gehen und frisch geschiedene Männer beobachten, die bei den Paletten mit dem Küchen-Startset stehen. Sie stehen dort Seite an Seite mit pickligen Studenten und frisch zugezogenen Gastarbeitern. Es war nie so leicht und so billig, von vorn anzufangen.

Die Jäger und Sammler sind das Gegenteil vom Bauern. Statt von der Hand in den Mund zu leben, geht der Bauer Langzeitinvestitionen ein, die nur Sinn haben, solange er an einem Ort bleibt und den Überschuss der letzten Ernte lagern kann. Mit den Bauern kam die Keller-Kultur, und als die Zeit der Jäger und Sammler vorbei war, kam es auch zu Königshof und Staatenbildung.

Der Aufbewahrungskeller unserer Zeit repräsentiert in hohem Maß die Spannung zwischen der Konsum- und Wegwerf-Gesellschaft der Sammler und Jäger und dem Hamsterinstinkt der Bauern. Wie bei der Generation, die von der Knappheit der Kriegsjahre geprägt ist und allmählich ausstirbt, gibt es eine Art mentale Ablage in vielen von uns, also dass man etwas, für das man gerade erst bezahlt hat, nicht gleich wieder wegwerfen kann. Hier ist die Genügsamkeitsfalle. Der Glaube, dass man großartig und genügsam ist und auf seine Dinge achtet, kann in einer Sammlung von unübersehbaren Mengen Schrott enden.

In einigen Familien und Wohngemeinschaften entsteht das Problem bereits im Kühlschrank. Gepackt von einer plötzlichen Erinnerung an hungernde Kinder in Afrika, weigert man sich, nach dem Abendessen die Reste fortzuwerfen, und packt sie sorgfältig ein und legt sie in den Kühlschrank.

Auch der Aufbewahrungskeller befindet sich ständig in der gleichen Gefahr, ein Sammelplatz für Dinge zu sein, die später einfach weggeworfen werden. Oft können nur eine Überschwemmung, ein Brand oder ein Umzug das Problem eines übervollen Kellers lösen.

Es gibt eine kleine Subkultur, die aktiv versucht, dieser Problematik zu entgehen. Sie nennen sich selbst »Minimalisten« und halten es für eine Tugend, so wenige Dinge wie möglich zu besitzen. Es sagt etwas über unsere Zeit und diesen Typus Mensch aus, dass unter den zehn bis zwanzig Gegenständen, die diese Menschen besitzen, gleich mehrere Apple-Produkte sind.

Diese Menschen haben ein Problem. Sie können niemals den Gang zur Münzwäscherei verschieben, weil sie lediglich zwei Unterhemden und einen Satz Bettwäsche besitzen. Aber ein Blick auf diese minimalistische Lebensweise liefert auch die Antwort darauf, warum die Keller normaler Menschen so voll sind: Wir sind einfach gern vorbereitet. Wir halten die zu klein gewordene Kinderkleidung gern für den Fall bereit, dass Freunde oder jemand aus der Familie Kinder bekommt. Wir möchten sicherstellen, dass wir – zumindest in der Theorie – noch einmal in die Bücher schauen können, mit denen wir auf der Universität gebüffelt haben. Wir verwenden gern dieselbe Weihnachtsdekoration wie im Vorjahr und kaufen nicht jedes Jahr eine neue.

Dies ist das gleiche Problem wie mit den Autos. Natürlich hat es etwas Dekadentes und Groteskes, eintausendzweihundert Kilogramm aus Metall einzusetzen, um einen achtzig Kilo schweren Menschen zur Arbeit zu fahren. Trotzdem brauchen wir es, wir brauchen es zum Transport zu den Großeltern in Trøndelag, um das Material für die Renovierung zu holen und die Kinder zum Training zu bringen.

Und wir brauchen es, um Dinge aus dem Keller und in den Keller zu transportieren.

WEITERFÜHRENDE LITERATUR

Daniel Carter Beard, *Shelters, Shacks, and Shanties: The Classic Guide to Building Wilderness Shelters*
D. C. Beard (1850-1941) war einer der Pioniere der amerikanischen Pfadfinderbewegung und zu seiner Zeit ein extrem populärer Vermittler der »Zurück zur Natur«-Bewegung. Sein Buch steckt voller Vorschläge für Bauten, die jedes Männerherz höher schlagen lassen müssen. Hier findet sich alles, von der Holzhütte über den Fahrradschuppen bis zur Einrichtung eines Geheimraums, der aussieht wie ein Blockhaus, komplett mit Geheimtür.

Derek Deidricksen, *Humble Homes, Simple Shacks, Cozy Cottages, Ramshackle Retreats, Funky Forts: And Whatever the Heck Else We Could Squeeze in Here*
Bauen als Punk: Handbuch für jemanden ohne Kenntnisse und Geld.

Llyoyd Khan und Bob Easton (Red.), *Shelter*
Ein Buch in großem Format mit Collagen aus Schwarzweißfotos und Zeichnungen, das in den siebziger Jahren in der englischsprachigen Welt in jedem Haushalt, der sich der Gegenkultur zurechnete, zu finden war. Das Erscheinen des Buches löste eine kleine Revolution in der Welt der Selbstbauer aus. Nachdem man mit kuppelförmigen und rauschinspirierten Bauten geliebäugelt hatte, entstand plötzlich ein Trend, in einfacher und traditioneller Weise zu bauen. Die Autoren erklärten, dies hinge vor allem mit den Erfahrungen zusammen, dass sich die durch Feuchtigkeit angerichteten Schäden in den kuppelförmigen *domes* der Hippies nicht verhindern ließen.

Lester R. Walker, *Tiny Book of Tiny Houses*
Ein schönes, kleines Geschenkbuch mit Grundrisszeichnungen und Skizzen von kleinen Wohnbüdchen.

John-Paul Flintoff, *Through the Eye of a Needle: The True Story of a Man Who Went Searching for Meaning – and Ended Up Making His Y-fronts*
Flintoff, Journalist der konservativen Zeitung *The Telegraph*, versucht die Welt zu retten, indem er seine eigene Kleidung herstellt. Eines der wenigen Bücher über das Nähen, das sich unbestreitbar an Männer richtet.

James Howard Kunstler, *The Geography of Nowhere: The Rise and Decline of America's Man-Made Landscape*
Kunstler ist Amerikaner und ein extrem entschlossener und wütender Teilnehmer an gesellschaftlichen Debatten, der ständig meint, dass alles den Bach runtergeht. Aber er liefert einige ungewöhnliche Beschreibungen, wie moderne, westliche Wohnmuster die Individuen schwächen und entmündigen.

Mike Oehler, *The Fifty Dollar and Up Underground House Book*
Ein amerikanisches Original beschreibt, wie er mit sehr bescheidenen Mitteln ein Haus, einen Aufbewahrungsraum und ein Treibhaus unter der Erde gebaut hat.

Edward S. Morse, *Japanese Homes and Their Surroundings*
Es gibt genügend kostspielige und prunkvolle Bücher über japanisches Interieur. Edward S. Morse (1838-1925) besuchte Japan, kurz nachdem das Land sich der Welt geöffnet hatte (oder dazu gezwungen wurde). Er hatte damit die Möglichkeit, den seit Jahrhunderten von außen unbeeinflussten Baustil zu erkunden. Das Buch ist nicht nur wegen des Sinns des Autors für technische Details interessant, sondern auch aufgrund von Morses Offenheit und Neugierde für das Fremde.

Make Magazine
Bunte Zeitschrift, die sich an Freizeiterfinder, selbsternannte Ingenieure, Unternehmer in Lederschürzen und Hyperhandwerker richtet. Auf den Mittelseiten das Foto einer besonders attraktiven Werkstatt. Die Informationen zur Beschaffung einzelner Baukomponenten und Anleitungen sind nach Ansicht des Blattes so gut, dass jeder stets alles bauen kann, egal, ob es sich um ein Aquarium für Ohrenquallen oder einen 3D-Drucker handelt.

Alle Bücher von Dag Thorstensen
Dag Thorstensen hat Tausenden von Norwegern erklärt, wie sie Fliesen legen, wie sie ihre Ferienhütte instand halten und wie sie eine Grundmauer setzen. Mit Ausnahme der Autoren des Lehrbuchs für Fahrschüler hat kein anderer norwegischer Autor die Norweger auf direktere und konkretere Art und Weise beeinflusst.

Für weitere Referenzen und Inspirationen: siehe www.bodboka.com

FOTONACHWEIS

Ute Fahlenbock, Berlin: Seite 10, 16, 34, 39, 63, 74, 86, 91, 98, 104, 116, 127, 128, 131, 158, 164
Marius Fossøy Mohaugen, Oslo: 97, 167
Getty Images, München: 92
Sverre Houmb, Elverum: 153
picture-alliance, Frankfurt am Main: 27, 47, 115
plainpicture, Hamburg: 3
Eskil Roll, Trondheim: 13, 22, 33, 40, 64, 68, 73, Vor- und Nachsatzpapier
Per Thrana, Oslo: 108

Alle weiteren Abbildungen stammen aus dem Archiv des Autors oder des Insel Verlags.